増補改訂版

主体的・対話的な〈学び〉の理論と実践

「自律」と「自立」を目指す教育

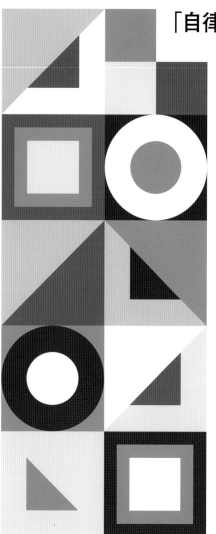

小川哲哉［著］
Tetsuya Ogawa

青簡舎

序 —現代社会と徳の主体的・対話的な〈学び〉—

　高度な情報ネットワークで結ばれ、グローバル化が加速している現代社会は、日々大きく変容しつつある。このような社会において、多くの人が様々な価値観を持つ価値の多元化が進みつつある。価値の多元化した社会は、一人ひとりの考えが尊重される社会であり、それは民主的社会の実現にとって重要なことであろう。

　ただこうした社会状況の変容の中で、近年個々人の間に共通に意識されるべき基本的価値が揺らぎ始めていることが問題にされている。しかも誰もが守るべき規範が揺らぎ始めていることも問題になっている。さらに人間関係の希薄化や相互コミュニケーションの不足による他者理解の欠如は、「自己中心的思考」を拡大させる一方で、自己自身については「自己肯定感」の低下を生むという矛盾した傾向を顕在化させている。しかもそのような傾向は、大人世代だけではなく、若者世代にも広がっている点に注意したい。自己中心的なのに自己肯定感の低い若者たちは、自らの行動を律せられず、他者への依存に頼ってしまう、いわゆる「自律」も「自立」もできない存在であるといわれている。

　このような若者の状況を、平成29年6月1日の教育再生実行会議の第十次提言「自己肯定感を高め、自らの手で未来を切り拓く子供を育む教育の実現に向けた、学校、家庭、地域の教育力の向上」では、以下のように指摘している。

　・他者との比較や他者からの評価などを意識するあまり、自己の良いところ
　　が見えにくくなっている。

・自分に自信を持てない部分、嫌いな部分を過度に意識することによって、何事かに挑戦する姿勢や積極的に自らの意見を表明する態度を失っている。

　近年このような状況におかれている青少年を中心に、様々な社会問題が生起している。例えばその一つとして社会規範やルールやマナーの逸脱等の問題があげられるだろう。青少年の逸脱行動は、かつての1970年代末から80年代にも多く見られ、それが大きな社会問題になったことがある。当時彼らの行動の要因と見なされたのは教育荒廃であった。彼らは「落ちこぼれ」や「管理教育」等の教育問題に対して反発し、時には学校教育全般への抗議表明として意識的に社会規範やルールを逸脱することもあった。それには大人社会に対する若者たちのプロテスト的意味も込められていたといわれている。この教育問題をどのように解決していけばいいのかは、当時の学校教育の重要な教育課題であった。

　ところが今日の若者たちの逸脱行動の背景には、かつての問題行動とは大きく異なる点がある。彼らにおいては、かつてのように教育荒廃や教育問題等の特定の社会問題を批判し、それと対峙しようとする姿勢は見られないし、そうした姿勢を共有しようとする意識もない。それどころかむしろ、あくまでも自己自身の意識の問題として対処し、個人レベルの対応で済ませようとする態度が目立っており、そうした態度からもたらされる典型的なものが「自己中心的思考」に立ちながらも、自己自身には低い「自己肯定感」を持ち続ける姿勢である。

　すなわち、それは、何事も自分の考えを優先させ、他者への思いや配慮に考えが及ばないのに、自分自身への自信を持ちえない若者たちの精神構造を示しているといえるだろう。彼らは自らの意識を、様々な人間関係や社会集団とのかかわりの中で高めようとすることはない。むしろ、その種のかかわりを無視しようとする自己意識や行動様式を優先させるため、少しでも自ら

の言動が社会的に評価されないと極端に利己的な行動に出たり（「逆ギレ」
等）、あるいは自分への自信喪失から、身近な人間関係だけでなく社会全体
との関わり合いも意識的に避けようとする姿勢（「引きこもり」等）を示す者
もいる。そのため、近年若者たちの間では、社会規範、ルール、マナーとい
った社会集団の中で求められる様々な取り決めを学ぼうとする意欲が急速に
減退してきたといわれている。

　冒頭でも指摘したように、高度情報化社会が到来し、グローバル化が急速
に拡大している現代社会において、新しい知識、情報、技術があらゆるとこ
ろでリニューアルを繰り返している。こうした社会では、新しい「知」を主体
的・対話的に学ぶことの重要性がこれまでにも増して重要であることはいう
までもない。

　しかしながら、そのような新しい知を活用し、生かしていくためには、社
会秩序が保たれ、民主的な合意形成を基盤とした公共意識が確固としたもの
であることが前提となろう。その意味で新しい「徳」の主体的で対話的な学
びは極めて重要な教育課題であるように思われる。ところが、現代社会はそ
うした課題と取り組む諸条件が十分にそろっているとは言い難いのではない
か。今日の青少年をめぐる諸状況はそれを如実に物語っているように思われ
る。その意味で今日ほど、様々な教育の場において徳を主体的・対話的に学
ぶ必要性が求められている時代はないのではなかろうか。

　このような問題関心に基づいて、本書では徳を主体的・対話的に学ぶため
に必要とされる複数の課題をたて、それらをまず理論的側面から分析し、そ
の有効性を実践的側面から検証する数々の試みがなされている。

　第1部の理論編において、まず第1章では、徳の問題の本質的意味を考え
るため、歴史的に見て徳の問題がどのように捉えられてきたのかを近代教育
思想領域において確認した。近代の教育思想家や実践家たちが理論・実践問
題で腐心したのは、多様な価値や規範を個々の子どもたちに「自律」的に把
握させる徳育のあり方であった。こうした教育のあり方を論究することは、

自律した個人を育成する教育を考える起点になるものであろう。第2章では、自律的な徳育論をさらに進めて、自律した個人が日常の社会生活で他者との相互関係を通して、多様な価値や規範の正当性を「自立」的に判断する徳育のあり方を論究した。このような徳育は、徳を主体的・対話的に学ぶとは一体どのような行為を意味するかを考える上で重要である。というのも道徳的自律性に基づく自立的判断力の育成は、価値観が多様化し、自己中心的な個人が増大する現代社会の徳育問題にとって重要な課題であると思われるからである。第3章では、自己と他者の相互行為による「合意形成」問題の論究を行った。望ましい徳育によって自律した個人に自立した判断力が形成されたとしても、個々人がそれを自己の内面的な事柄としてしか捉えないとすれば、個人は他者との関わりを持つことのない自己中心的思考へと回帰してしまう危険性がある。特に現代のように、個人が他者を介することなくネット等で自在に情報を入手できたり、匿名によるコミュニケーション行為に慣れてしまうと、意識しないうちに自己中心的思考形式にとらわれてしまうことがある。こうした傾向性を乗り越えるためにも、近年自己と他者との相互コミュニケーションや対話の必要性が指摘されている。こうした徳の学びの諸理論が、わが国の徳育の歴史の中でどのように位置づけられるのかを理解するため、第4章では、徳育の歴史と課題を論究した。

　このような理論編を受ける形で第2部の実践編では、具体的な教育の場面において活用できる徳育教材を収録している。第5章では、主体的・対話的な学びの教育実践を行うための教材を3編収録した。どの教材も、学習者が主体的で対話的な討議活動へと導かれる内容になっている。第6章では、道徳的判断力と合意形成力を育成する教育実践で活用できる教材を取り上げた。教材を通して二つの葛藤する価値の正当性を熟慮し、他者との対話や討論等の「話し合い活動」を通して合意形成を図っていくことは、主体的・対話的な徳の学びにとって極めて重要なものである。第7章では、道徳的心情を育成するための教材を4編収録した。どの教材も、学習者が主体的で対話的な

4

自律や自立へと歩むことができるような内容になっている。

　さらに、関連資料としては、教育関係の基本法規だけではなく、学習指導要領等の教育課程関係の資料、教員養成関係の一連の基本文献を掲載した。特に令和3年1月に出された「『令和の日本型学校教育』の構築を目指して」も収録し、今後の文教政策の方向性が理解できるようになっている。

　以上のような本書のねらいをご理解をいただき、本書が教育学研究者や現職教員、高校生や大学の教職課程受講者等の方々に広く読んでいただければ幸いである。

　最後に出版に関しては、青簡舎の大貫祥子氏にはいつもながら的確なご指摘やご助言をいただいた。この場をかりて深く感謝したい。

　2021年7月

小　川　哲　哉

目　次

第 1 部

徳の〈学び〉の理論

第1章　徳育の教育思想史的系譜

　本章では、現代教育の基本的枠組みを構築したといわれている近代の教育思想家たちが、徳育をめぐる教育問題にどのように取り組んだかを概観する。まず最初に取り上げるのはルソーである。

1　ルソーの教育論と徳をめぐる問い

(1)　子ども存在の独自性

　「子どもの発見者」として知られているルソー（Rousseau, J. J., 1712-78）は、子どもが持つ「善」としての人間性を強く主張した人物である。彼は主著『エミール』（1762年）の冒頭で「万物をつくる者の手をはなれるときすべてはよいものであるが、人間の手にうつるとすべてがわるくなる」と述べ、人間の本性を「善」と見なすいわゆる性善説の立場から子ども存在の独自性を強調した。それは当時としては画期的なものであった。というのもルソー以前の教育観では子どもは独自な存在としては認められず、むしろ「不完全な大人」あるいは「未成熟な成人」と見なされ、そのような状態から一刻も早く脱することが求められていたからである。

　ルソーはこうした教育観を批判する。彼によれば、子どもには子ども独自な見方や考え方や感じ方があり、それらは最大限に尊重されるべきなのに、現実にはそうなっていない。「人は子どもというものを知らない。子どもについてまちがった観念を持っているので、議論を進めれば進めるほど迷路に入り込む。このうえなく賢明な人々でさえ、大人が知らなければならないことに熱中して、子どもにはなにが学べるかを考えない。彼らは子どものうちに大人をもとめ、大人になるまえに子どもがどういうものであるのかを考え

ない。」このようなルソーの指摘からは、子ども存在に目を向けることなく、あくまでも大人の論理を優先する従来の子ども観への批判が見て取れる。

　そして、このような子どもの独自性を尊重するルソーにおいては、人間の発達段階に合わせた教育が求められる。『エミール』でなされた教育は、人間の自然な発達の歩みに合わせて三段階で行われている。ルソーは子どもから大人までを子ども期、青年期、成人期に分け、さらに子ども期を三つに区分して（幼年期の第1期：0〜1歳、少年期の第2期：2歳〜12歳と第3期：13歳〜15歳まで）、第1篇から第3篇までをその説明にあてている。人間の教育はまさに個々の年齢の発達段階に合わせ、それに相応しい内容を持っていなければならないのである。

　したがって、大人への成長を性急に求めた当時の学校における早期教育は、ルソーにとって否定されるべき教育の代表的なものであった。「人生それぞれの時期、それぞれの状態にはそれ相応の完成というものがあり、それ固有の成熟というものがある」にもかかわらず、それらを無視して積極的な教育を強いるのは自然に反した教育である。彼はそのような強制的な教育の代わりに、子ども自身からあらわれてくる自然な発達要求を大切にし、その要求が尊重されるように見守ることの重要性を指摘した。そして幼児期の教育は「純粋に消極的でなければならない」と述べ、「消極的教育」を提唱した。それは、子どもが積極的に興味関心を示さないのに、無理に理解させようと理屈を説いて聞かせるのではなく、子どもが自ら意欲的に学ぼうとするまで待ち続けてやる教育である。すなわち教育にとって重要なのは、子どもへの強制的な教え込みではなく、子どもが知りたい欲求を高めさせ、自ら真理探究へと向かっていく姿勢を持たせることであった。

　このようなルソーの教育観には、子どもの自由や個性を尊重し、興味関心に従った自主的で自発的学習活動の重要性が強調されており、そのため彼の教育は「児童中心主義教育」の源流であるといわれている。

（2）子どもの善と徳の教育

　性善説に基づいて子どもの立場を尊重する児童中心主義の教育にとって、大人からの働きかけはできる限り差し控えられるべきである。そのため、ルソーは自らの教育を、積極的な教育を行わない消極教育と呼んだことはすでに触れた。ただ、ルソーが想定していた消極教育の真意は、大人が子どもに何もせず、彼らの自由や個性を無制限に許容する教育ではなかった点に注意を向ける必要がある。特に少年期に対する消極教育の目的には、徳育問題を考える上で重要な示唆が含まれている。

　『エミール』では、少年期になると、子どもの自主的・自発的行動が、幼児期のように無条件で、しかも全面的に保障されることはなくなり、むしろそれらを行使する際に起こる事態への自己責任が問われるようになっていく。もちろんこの時期においても大人や教師が、基本的に消極的態度で子どもに接することはいうまでもない。しかし子どもの自己責任はあくまでも子ども自身の「自覚」によって確認される必要がある。すなわち子どもに対しては、自己責任を持った「自律的」行動が求められることになる。

　ルソーは「幼年」と「少年」の違いを、言語の使用ができるか否かで区別しているが、少年期の子どもに対して、彼は自己責任が自覚できるようにするため、大人はあえて厳しい対応を取るよう求めている。性格が弱くすぐに泣きだす子どもに対して、ルソーは泣いても何の得にもならないことを自覚するまで、子どものそばには近寄らないことを勧めている。また、子どもが怪我をしてしまっても、少なくともすぐに駆け寄る必要はないという。怪我をするという事態はもう起こってしまったのであり、「子どもはその必然に耐えなければならない」とルソーは指摘する。こうした自己責任の自覚の重要性を指摘した顕著な事例は、窓をやぶった子どもへの対応である。子どもが自分の部屋の窓ガラスをわざと壊した場合、子どもに自己責任を負わせるため、修理をせずに昼夜を問わず吹きさらしの状態にしておく。子どもが泣き叫んだりわめいたりしても相手にしないで無視する。やがて自己責任を自

覚して反省する気になってきた時に初めて今後はガラスを壊さないことを約束させる。そうすれば、子どもがわざとガラスを壊すことはなくなる。

　上述した一連の指導例は、明らかに子どもに規範的行動を強制させたり、体罰等で直接身体的強要を求めるいわゆる積極教育ではなく、あくまでも消極教育には違いない。ただ、その根本は極めて「厳しい」教育である。子どもは、この厳しい対応に直面して道徳的に自律した行動の意味を自覚するしかない。子どもの善なる人間性は、こうした厳しい教育と対峙することで形成され、そうすることで他者に対する配慮を行えるようになる。ルソーは、このような道徳的に自律した人間形成によって、他者との共存を図れる市民の基礎的資質を育成しようとしたといわれている。

2　ペスタロッチー教育思想における道徳的自律の問題

　ルソーの児童中心主義的教育の影響を強く受けた教育思想家の一人にペスタロッチー（Pestalozzi, J. H., 1746-1827）がいる。彼は「玉座の上にあっても木の葉の屋根の蔭に住まっても同じ人間」（『隠者の夕暮れ』）という人間観に基づき、当時の社会において最下層にいた「貧民」への温かい眼差しを常に忘れなかった。

(1) 教育実践家としてのペスタロッチー

　ペスタロッチーは、貧民の子どもたちを収容したシュタンツ孤児院において独自な教育実践を行ったが、その際に彼が確信していたのは子どもの「善」なる人間性への信頼であった。子どもは元来善なる存在であり、自ら善求める存在である。そしてそれは粗野で粗暴な貧民の孤児たちであろうとも変わるものではない。どのような境遇の子どもであっても、その内面には善なる人間性があり、それを将来開花させることが教育者の使命であるとペスタロッチーは確信していた。

　そして子どもに対する教育者の姿勢を次のように指摘する。教育者は、善

なる人間性を求めている子どもに対してそれを受け取れるように導かなければならないが、その際に重要なのは「子どもが善を欲するまえに、子どもがあなたの意志が必要であることを、自分のまわりの状況や自分の必要性から感じとっていなければならない」（『シュタンツだより』）のである。すなわち善を求める子どもが、教育者からの揺るぎない信頼に気づき、それによって自己の善への欲求が認められる喜びを感じさせることが大切であるとペスタロッチーは指摘する。ここには、教育愛に満ちた子どもとの関係の中で、善なる人間性を形成させる教育の重要性が確認できる。

　このようなシュタンツ孤児院の教育実践に基づいて形成された彼の教育思想は、後の「メトーデ（Methode）」という教授法に受け継がれている。ペスタロッチーは、ブルクドルフやイヴェルドンの学園における教育で、「基礎陶冶」によって善なる人間性に働きかける教育実践を行ったことはよく知られている。彼によれば基礎陶冶とは、人間が本来的に持っている三つの能力、すなわち、知性、心情、技術の能力を調和的に発達させることであった。しかもこれらの能力は、子どもたちの主体性が十分に確保された生活のなかで自然と身につけられていくものである。知性は深く思索することによって、心情は教育愛と信仰によって、さらに技術は自発的な作業によってなされる。ペスタロッチーはこれらを「頭」「心」「手」に働きかける教育であると述べているが、今日的にいえば「知育」「徳育」「体育」の調和的な全面発達を保障する教育活動であった。

（2）道徳的自律の重要性―人間性の「両義性」克服―

　上述したようにペスタロッチーにおいて、子どもの善なる人間性への信頼は揺るぎないものであったし、そうした人間形成のためには教育愛に満ちた信頼された教育空間がぜひとも必要だった。その意味で彼にとって子ども存在は、保護されるべき重要なものであったといえるだろう。

　ところが、ペスタロッチーは子ども存在に対して別の見方もしていた。そ

れは子ども存在のアンビバレントな側面への認識でもあった。そもそも自然状態の子どもが歩む方向は、現実的な観点から見れば、必ずしも善き存在には向かわない場合もある。その場合、子どもは自らの善なる人間性に気づくことなく我欲の本能の赴くままに突き進んでしまうこともあるだろう。そのような子どもに対しても、教育の力で「内的な覚醒」を図り、己の我欲を律することで善なる人間性を開花させ、他者との信頼に基づいて共存をはかることもできるのではないか。ペスタロッチーそうした共存関係を形成させるための三段階の道徳教育のメトーデを主張している。

　その第一段階で求められるのは、子どもたち自身のこころを開かせ、彼らの感情や経験や行為が善き行い（「正直さ」「いたわり」「思いやり」等）に近づくようにさせ、それらを彼らのこころに基礎づけることである。これは子どもたちの「純真な道徳的情緒」を喚起させることでもある。こうした道徳的情緒の喚起によって、子どもたちは他の子どもたちとの間に兄弟姉妹の関係を形成させ、それによって近代的な意味での教育共同体の存在を自覚するようになるという。第二段階では、教育共同体において必要とされる「正直さ」「正義」「配慮」「いたわり」等を、理屈として考えさせるのではなく、具体的な状況において直接体験させ、自覚させることが重要であるとされている。『シュタンツだより』には、その種の体験と自覚を持つに至った一人の子どもの事例が紹介されている。ある子が、ペスタロッチーから信頼されていることをいいことに、他の子どもに対して乱暴な振る舞いを行ったため、彼はかなり手厳しく叱った。そのため、その子は哀しみくれ、15分以上も泣き続けることになった。しかしペスタロッチーはその子を相手にせず部屋の外に出ようとすると、その子は自分の誤りに気づいて自発的に許しを乞うたのである。この事例が示すように、ペスタロッチーの求める理想的な教育共同体にとって重要なのは、自己の言動の正しさが他の子どもとの関係性において理解され、それが相互理解による共存関係の基底になることであった。

　最後の第三段階で求められるのは、子どもたちの生活圏の中で、正義や道

徳関係について「熟考」させたり「比較」させたりしながら、「道徳的知見」を育成させることである。その際に大切なのは、第二段階で求められた経験と自覚であった。そうした経験や自覚の積み重ねは、やがて「反省」になり、最終的に道徳的知見として内面化されていく。したがってペスタロッチーにおいては、道徳的知見とは予め用意された徳目の提示でも、教え込みでもなかった。彼は次のように指摘する。「私はどんな徳についても口で言うまえに、その徳についての生き生きとした感情を呼び起こそう」とした。そもそも子どもたちが「自分で何を言っているのかが分かりもしない事柄」について語り合うのは全く意味のないことだった。彼にとって重要なのは、生き生きとした感情を通して生活の中で育まれる道徳的経験や自覚が、熟考を通してさらに深められ、やがてその真の意味が説明されずとも理解できる「言葉」や「概念」になっていくことであった。ペスタロッチーによればそのような状態に至った子どもたちの間では「沈黙」が訪れるという。それは、道徳的知見が彼らの内面に深く沈潜し、彼らのこころに深く刻みつけられている状況であり、道徳的自律が形成された状態であった。

　以上のようなペスタロッチーの教育思想には、ルソー的な道徳的自律を目指した人間形成論が看取できるし、長年にわたる教育実践に基づいた独自な教育方法論が確認できる。そして彼らにおいては、子どもの道徳性を育成するために、一方では人間性豊かな教育愛を、他方では厳しい指導を対峙させることで、道徳的自律性を育成させる教育活動が考えられていた。その意味でルソーやペスタロッチーの教育的思考形式には、近代教育の重要な課題であった「道徳的主体形成」の問題が想定されていたといえるだろう。

3　デューイ教育学と道徳教育論

　ルソーやペスタロッチーの児童中心主義の教育観は、デューイ（Dewey, J., 1859-1952）の教育学においてその現代的意義が再確認されたといわれている。

20世紀初頭「ルソーに帰れ」というスローガンの下、多くの国々に広まった「新教育」は、米国ではデューイを中心にして「進歩主義的教育運動」として展開された。

　ただ彼の場合、単にルソーやペスタロッチーのように子どもの善なる人間性を発達させ、個々の子どもに道徳的自律を求める教育活動を目指したわけではなかった。彼が重視したのは、子どもと教育者との「相互活動」であり、しかもそれは生活の中で子どもが直面する具体的な問題に対して、試行錯誤を繰り返しながら問題解決学習を進めていくことであった。こうした諸活動の原理になったのが「経験主義」の哲学である。

(1) 経験主義的教育と学校論

　デューイが重視した「経験」は、我々が日常的に理解している経験とは違い、主体が環境との相互作用によって経験を繰り返し、今ある経験をより高次な経験へと再構成させることであったといわれている。彼によれば「教育とは、経験の意味を増加させ、その後の進路を方向づける能力を高めるように経験を改造あるいは再組織すること」（『民主主義と教育』）であり、学校教育の目的も「経験の改造」が重視されていた。そのため子どもの学習過程は、常に更新されていく経験の探究プロセスであり、それによって目まぐるしく変容する社会への適応能力を育成することであった。従来の教育の役割は、概して大人世代の価値観や考え方を文化伝達することと考えられていたが、デューイは教育の機能を文化伝達だけではなく、子ども自身の行動による問題解決学習に求めた。

　また彼において、子どもの問題解決能力の向上には、さらに別の目的があった。それは社会改革の実現を、既存の大人世代ではなく将来を担う後継世代の子どもたちに期待することであった。すなわち、既存の文化を継承しながらも新しい文化を創造し、それによって今ある社会を作り変えていく。そのために重要なのは、社会が常に「更新（リニューアル）」されていき、常に

新しい文化創造がなされ、「成長」が図られることであった。そうした成長のために子どもはその中心的な役割を果たすべきであるとデューイは述べている。

　彼は主著『民主主義と教育』において、教育が果たすべき次の三つの役割を指摘している。①子どもが社会の一員と認められ、大人世代の文化を継承する。②子どもに成長する能力、すなわち新しい文化創造能力を育成する。③子どもに変動する社会への適応能力を育成する。デューイにとって、こうした三つの役割を担う教育の場が「学校」であった。その意味で学校は、将来の社会改革の主役を担う子どもたちを育成する重要な場であった。

　彼がこのような教育の必要性を強く主張したのは、当時の米国が抱えていた深刻な社会問題があったといわれている。20世紀初頭の米国においては、産業革命に伴う労働問題、新旧の移民間の対立、深刻な人種差別等、民主主義国家の根幹を揺るがす諸問題が山積していた。こうした多様な社会問題を解決するためには、新しい民主主義の構築が急務の課題であった。その際に重要なのは、互いに対立する人々が、その対立を解消して新しい「公共性」をどのように作り上げるかであった。

　デューイは、学校教育の役割を「民主主義における生活者の育成」であるという。彼が述べる「生活者」とは、公共の問題に協同して取り組もうとする意志と意欲を持った生活者を意味し、新しい民主主義社会を構築するためには不可欠な存在であった。そのような生活者ならば、自己の利害関心のためではなく、協働して公共性を作り上げるために行動する「個人」になるとデューイは考えていた。

（2）コミュニティとしての学校と道徳的平等

　上述したように、「学校」を民主主義社会に相応しい「生活者」育成の〈場〉と見なすデューイにとって、そこは単なる知識を教授する〈場〉ではなかった。彼によれば、学校は社会から隔離されて知識を詰め込む場所では

なく、それ自体が活動的で「社会生活の真の一形態」（『学校と社会』）になるべき場所であるという。すなわち、学校は「小さなコミュニティ（協同体）」として、それ自体が民主主義を実現させる教育空間と見なされたのである。子どもたちは小さなコミュニティとしての学校において、自己のあり方を問い、他者への思いやりを知り、相互に共感し合う大切さを学ぶ。その意味で学校空間は、既存の社会を変えていく礎になるものであったといわれている。

　ところで、こうしたコミュニティの一員である子どもに必要とされたのは、「道徳的平等（moral equality）」を尊重することであった（Mediocrity and Individuality. 1922）。道徳的平等はデューイ独自の概念であり、それは皆が平等に同じ道徳規範を守ることを意味するのではなく、個々人の「代替不可能性（incommensurability）」が学校全体で承認されることであり、個々人の多様性が認められることであった。デューイによれば、個々人には数量的規準では測れない存在価値があり、それは皆によって認められるべきであるという。すなわち、いかなる事情があろうとも全ての個々人には、一つの固有な潜在能力があり、教育の目的はその能力を育成させ、それが十分に機能するように支援することであった。そのため、学校の一員である子どもたちには「自分自身の行動と他人の行動を関連づけ」たり、「自分自身の行動に目標や方向を与えるために他の人々の行動を熟考する」能力を身につけるよう求められた（『民主主義と教育』）。

　しかもデューイにおいて注目したいのは、彼が道徳的平等を尊重することで、教育の目標を「最終目標としての完成（perfection）」ではなく、常に現在進行中の状態や、不断の自己更新の再構築過程、すなわち「完成途上のもの（perfecting）」であると見なした点である。したがって彼において、民主主義社会を作り上げる重要性は完成した結果ではなく、その完成に至るプロセスの不断の努力に求められたのである。デューイは次のように指摘する。「目的は……現存する状況を変えていく積極的過程である。最終目標としての完成ではなく、仕上げ、完成させ、洗練させていく不断の過程が生きた目

的である……正直、勤勉、節制、正義などは……経験における質的変化の方向である。成長そのものが、唯一の道徳的『目的』である」（『哲学の再構成』）。

4　徳育の教育思想から学ぶもの

　ルソーやペスタロッチーの教育思想に見られるように、子どもの善性を信頼し、人間性豊かな教育愛による教育活動の正当性は今日でも認められているといえよう。その意味では現代の子ども観の土台になっているのは性善説の人間観であるといってよい。

　ただ、このような子ども観や、それに基づいた児童中心主義的教育が誤解されやすいのは、それらの教育が子どもの善性をあらゆる点で礼賛し、子どもの立場を無条件で許容してよいと見なしてしまう点である。ルソーやペスタロッチーの教育思想は、決して児童を「放任」する教育活動を是認したわけではない。むしろ彼らは、子ども存在の独自性を認めながらも、他方で規範やルールを自覚させる厳しい教育指導も課しており、最終的には子ども自身に自己判断できる自律性を育成しようとしたのである。その意味で彼らは、二種類の教育を通して、子どもに自律した道徳的主体性を形成させようとしたのであり、それは自律した個人の立場を根幹におく民主主義社会の成立にとって極めて重要なものであったと考えられる。しかしながら、ルソーやペスタロッチーの時代には、まだ近代的な民主主義意識が広く普及していたとは言い難く、そのため彼らの教育思想においては「自律した個人が、どのようにして望ましい社会を形成させるのか」という問題を、現代的意味で解決しようとする姿勢が必ずしも十分に意識されていたとは思えない。そこに時代的限界性があったといってもよいだろう。

　その意味でデューイは、そうした問題を最初に考えた人物として重要である。彼は独自な経験主義の哲学に基づいて、子どもが今ある社会を更新していく文化創造活力の源であると主張した。そして学校を、現代的な民主主義

を作り上げていく場と見なし、子どもが自律的な個人として公共の問題に取り組む生活者になるべき必要性を述べた。学校は小さなコミュニティ（協同体）であり、そこは民主主義を実現させる小さな教育空間である。子どもたちは学校において、自己探究と他者理解と相互活動の重要性を学ぶ。その際に彼が重要視したのが「道徳的平等」であった。このようにデューイの教育学においては、一人ひとりの固有の価値が認められ、他者とのかかわりの中で個々人がまさに「自立」を図っていく道筋が示されたといってもよいであろう。

　このようにルソーやペスタロッチーによって提唱された自律的人間形成の問題は、デューイによってより高次な人間形成の問題へと展開していった。そのため彼の教育学においては、自律した個人の内面性や集団と個人との関係性の問題も深く論究されている。すなわち相互活動を通して個人が集団とどのように関わるのかは彼の主要な関心事であったのである。そしてそうした自律的人間形成の問題は、他の様々な研究領野においても大きなテーマとなっていく。その一つが認知心理学の領域であった。次章ではピアジェからコールバークに至る子どもの道徳的な自律の問題について考えてみたい。

参考・引用文献

小笠原道雄他共編『道徳教育の可能性—徳は教えられるか—』福村出版、2012年。

クラフキー著、森川直訳『ペスタロッチーのシュタンツだより—クラフキーの解釈付き—』東信堂、1997年。

杉浦宏編『現代デューイ思想の再評価』世界思想社、2003年。

デューイ著、松野安男訳『民主主義と教育（上）』岩波文庫、1975年。

デューイ著、市村尚久訳『学校と社会・子どもとカリキュラム』講談社学術文庫、1998年。

デューイ著、河村望訳『デューイ＝ミード著作集2　哲学の再構成』人間の科学社、1995年。

J. Dewey: Mediocrity and Individuality, 1922. *The Middle Works, 1899-1924 Volume 13: 1921-1922*, Southern Illinois University Press, 1983.

ペスタロッチー著、長田新訳『隠者の夕暮れ・シュタンツだより』岩波文庫、1993
　年。
村井実『ペスタロッチーとその時代』玉川大学出版部、1986年。
ルソー著、今野一雄訳『エミール（上)』岩波文庫、1962年。

第2章　道徳的自律性をはかる徳の〈学び〉

　前章で明らかにしたように、ルソーやペスタロッチーによって提唱された道徳的主体形成の問題は、デューイによってより高次な自律的人間形成の問題へと展開していった。そのため彼の教育学においては、自律した個人の内面性や集団と個人との関係性の問題が深く論究されている。相互活動を通して個人が集団とどのように関わるのか、集団の中で個人はどのような判断を下せばいいのか、どのようなルールと規範によって個人は行動すればいいのか等、集団と個人の道徳的自律性をめぐる問題はきわめて多様である。そのためデューイにおける人間形成の問題は、その後さまざまな研究領野で大きなテーマになっていった。ここで取り上げる認知心理学の領域もその一つである。中でも注目されるのがピアジェ（Piaget, J., 1896-1980）とコールバーク（Kohlberg, L., 1927-1987）における子どもの道徳的な自律性に関する研究である。

1　道徳性と道徳的自律の問題―ピアジェの臨床研究の意義―

（1）道徳性とは何か

　社会の中で個人が特定の規範やルールにしたがって行動する時、その個人の内面においては道徳的知識と道徳的行為が何らかの形でつながっていると考えられる。ただ、そうだからといって道徳的知識が習得されれば、それがすぐに道徳的行為に結びつくわけではない。知識が行為へと導かれるためにはそこに内面的な働きかけが必要となってくる。しかも、個人においてその内面的な働きかけがなされるか否かは、人格的特性の有無にかかっている。このような人格的特性の総称を「道徳性」と呼ぶことがある。

　徳の学びにとって道徳性が重要であることは、小・中学校の学習指導要領

の「特別の教科　道徳」の目標でも指摘されており、道徳性を養うためには道徳的諸評価を理解し、物事を多面的・多角的に考え、自己や人間の生き方を学びながら、道徳的判断力、心情、実践意欲と態度を育てることが明記されている。この道徳的な判断力や心情の育成を子どもの発達の段階に合わせて考えたのが、認知心理学における代表的な研究者、ピアジェである。彼が道徳性研究において注目されるのは、子どもの道徳性には発達の段階に従った法則性があることをはじめて実証的に明らかにしたからである。

(2)　ピアジェの子ども研究

　ピアジェのキャリアの最初は、スイスのジャン＝ジャック・ルソー研究所で行った子どもの言語、世界観、数量概念等の研究であることはよく知られている。彼はそこで、子どもたちの日常行動に密着し、子どもたちの様々な遊びを分析することで彼らの認知行動を解明する臨床研究を行った。そうした研究を通して彼は、子どもには独自な認知方法があり、固有な感覚や認識に基づいた独自な理解構造があることを明らかにした。例えば、子どもが様々な状況において故意や過失、嘘や正義感に対してどのような感覚を持ち、いかなる「判断」を下すのかを調べた調査では、子どもたちから以下のような特徴的な回答を得ている。

（A）　ジャンという小さい男の子がいました。食事に呼ばれて食堂に入っていきます。ところがドアの後ろには椅子があり、その椅子の上にはお盆があってそこに15個のコップが載っていました。ジャンはいきおいよくドアを開けたので、15個のコップが全て割れてしまいました。

（B）　アンリという小さい男の子がいました。ある日、お母さんの留守中に戸棚のジャムを食べようとしました。ところが、戸棚が高すぎて手が届きません。無理に取ろうとしたとき、そばのコップに手が触れ、１個落ちて割れてしまいました。

〈6歳のジュオ：回答〉

質問者：この話は分ったかい？　　ジュオ：うん。

質問者：初めの子はどんなことをした？　　ジュオ：コップを15個わった。

質問者：では二番目の子は？　　ジュオ：速く動いたのでコップを一つ割った。

質問者：なぜ、初めの子はコップを割ったの？　　ジュオ：ドアがあたったから。

質問者：二番目の子は？　　ジュオ：間違って割った、ジャムを探していたらコップが落ちた。

質問者：どちらの子が悪いと思う？　　ジュオ：コップを15個も割ったのだから、初めの子が悪い。

〈9歳のクロー：回答〉

質問者：初めの子はどうした？　　クロー：ドアを開けようとして15個割った。

質問者：それでは二番目の子は？　　クロー：ジャムをとろうとして一個割った。

質問者：君はこれらの間違いについてどちらが悪いと思う？　　クロー：ジャムを取ろうとした方が悪い。なぜならもう一人の子はコップがドアの後ろにあることを知らなかったから。二番目の子は、わざとしたんだから。

　このような子どもたちの回答から分かるのは、彼らの発達段階の違いにより行為結果への判断に質的な違いがある点だ。6歳のジュオの場合は行為結果の判断を、行為の動機とは関係のない物質的影響の大きさで行っているのに対して、9歳のクローは行為結果を動機の問題と結びつけて判断している。ピアジェによれば、前者は責任を物質的影響の大きさという客観的事実で判断する「客観的責任認識」を拠り所としているが、後者は責任を動機の有無

で判断する「主観的責任認識」に立っているという。その意味では、客観的
事実に判断根拠が引きずられているジュオよりも、クローの方が主体的に道
徳的判断を行っており、道徳的自律性が高いのではないかとピアジェは考え
て、子どもの発達段階が上がるにつれて道徳的判断に質的な変化が生ずるこ
とを明らかにした。

(3) 道徳的自律性に関する研究

　道徳的自律性に関するピアジェの研究としてさらに注目されるのは、「マ
ーブルゲーム」を使った調査である。これは、おはじき風のマーブルを使い、
地面に描いた正方形内のマーブルを外から他のマーブルではじきだすゲーム
である。ピアジェは、このゲームを通した子どもたちの規則認識や実践方法
を分析している。その結果明らかになったのは、子どもには次のような三段
階の規則認識が見出せることであった。

　最初の段階は、子どもが規則の遵守意識を全く持たない「運動的・個人的
段階」（0～3歳）であり、次に大人から与えられた規則に服従し、そこから
逸脱しない「他律の段階」（4～8歳）を経て、やがて子どもは自らの規則に
基づき、時には規則の修正も行う「自律の段階」（9～10歳）へと到達する。
このような臨床的研究からピアジェは、子どもの道徳性の発達が、最初は自
己中心的な他律的道徳性段階から、やがて自律的道徳性段階へと変化するこ
とを見出したといわれている。他律から自律への判断認識の変化については、
以下のような研究調査にもあらわれている。

　　ある時、ボーイスカウトたちがキャンプにでかけました。彼らはそれぞれ
　が自分の役割を果たし、すべての仕事をやり遂げなければなりませんでした。
　ある者は、お使いに行き、ある者は洗濯をし、あるものは薪を取りに行き、
　またあるものは掃除をしました。ところがある日、パンがなくなりました。
　あいにくお使いに行くものが出かけた後だったので、隊長が別の仕事につい

ている隊員に「パンを買いに行け」と命じました。その子はどうすべきでしょうか。

〈6歳半のジュール：回答〉

質問者：その子はどうすべきだい？　　ジュール：もちろん行かなきゃいけない。

質問者：なぜだい？　　ジュール：命令はきくべきだから。

質問者：その命令は正しかったかい？　　ジュール：うん。正しい。ボスだから。隊長だから。

〈7歳のエップ：回答〉

質問者：命令は正しかったのかい？　　エップ：正しかった。なぜなら行かなければならなかったから。

質問者：自分の仕事じゃなくても？　　エップ：うん。行けと言われたんだから。

〈7歳半のラン：回答〉

質問者：隊長の命令は正しかったのかい？　　ラン：そんなことをしてはいけない。自分の仕事じゃないんだから。

質問者：その子に命令するのは正しかったのかい？　　ラン：正しくなかった。

〈11歳9カ月のベル：回答〉

質問者：隊長の命令は正しかったのかい？　　ベル：正しくはなかったが親切だったんだ。

〈12歳5カ月のペッド：回答〉

質問者：隊長の命令は正しかったのかい？　　ペッド：その子はパンを買いに行かなくてはならない。

質問者：その子はどう思ったかな？　　ペッド：隊長がそうするようにと言いつけた。私は手伝わなければならないと思った。

質問者：それは正しかったのかい？　　ペッド：うん正しかった。それは

命令だったからだ。強制されたのなら正しいわけじゃないけど、その子が承知したなら正しいと思う。

　ピアジェがこの調査結果で特に注目したのは、発達の段階が上がるにつれて子どもたちが道徳的に自律した判断を行うようになる点であった。6歳頃では何の考えもなく隊長の指示に従う子どもが多かったが、11歳からは自分の考えを入れるようになり、12歳からは自己判断に基づいて命令に「従うのか」「従わないのか」を決定できるようになる。このような結果から彼は、子どもの道徳的自律の発達段階には規則性があり、当初は大人の権威に全面的に従う自己中心的な他律的道徳性段階にいる子どもでも、その後の発達段階が上がるにつれて次第に脱自己中心的な自律的道徳性段階へと変化していくことを明らかにした。

　ピアジェのこうした発見は、「子ども独自な感性や認識方法の配慮の重要性」を認知心理学の側から根拠づけるものであった。同時にそれは近代教育の重要な教育課題の再確認を意味するものでもあった。またピアジェが、道徳性の研究に心理学研究の成果と知見を持ち込んだことは、その後の道徳教育研究にとって大きな意義があったといわれている。

　ただ彼の研究には、いくつかの課題も指摘されている。特にピアジェが、他律から自律へと移行する要因を子どもたちの間で行われる協同的な活動だけで解釈しようとしたために、大人との関わりや文化的側面からの分析を考慮していない点は問題にされた。さらに、彼が調査研究対象11〜12歳までに限られており、道徳的自律性が強まってくる思春期以降の子どもたちを分析していない点も大きな課題となった。このように課題に積極的に取り組んだ人物の代表のひとりとして取り上げられるのが、コールバークである。

2　道徳的判断の発達段階論―コールバーグの道徳性研究―

(1) ピアジェ理論の精緻化

　コールバーグは、1958年に「10歳から16歳の思考と選択の様式の発達」という研究で一躍注目された。今日この研究は、心理学領域の道徳研究が隆盛する先駆けになったと評価されているだけでなく、12歳までの道徳性発達の分析に終わっていたピアジェの研究を継承し、ピアジェ理論の精緻化を図った研究として注目された。さらにその後コールバーグは、米国、台湾、メキシコで研究調査を行い、人間の道徳思考には発達段階があり、その発達段階は文化圏の違いを超えて普遍的な妥当性を持つことを明らかにしている。彼は、先に示したピアジェの他律から自律へと移行する三つの道徳性発達段階、すなわち、①規則に対して義務感の無い「前道徳段階」、②規則に忠実に従うことが正しい行いであり、力のあるものへの服従を義務と同一視してしまう「他律的段階」、③規則に従う目的や結果を自分で判断し、相互関係の中で正しさを理解する「自律的段階」を、さらに16歳までに拡大して以下の三水準六段階の発達段階説を提示した。

　前慣習的水準：道徳的行動を物理的結果のみで判断する。

　　第1段階（罰と服従志向）：賞罰だけで行動し、できる限り罰を避けるため権威に従う。

　　第2段階（手段による相対主義志向）：自他の欲求を満足するための手段が正しいと見なす。自己の利益になることを行動の正当性とする関係を構築する。

　慣習的水準：帰属集団の期待に応える事が自己の言動の根拠となる。

　　第3段階（対人関係の調和と「よい子」志向）：他者からの承認を善い行動とみなす。

　　第4段階（法と秩序への志向）：法と秩序に従属的で、その内容や意味は問われない。

　脱慣習的水準：個人や集団の権威によらないで、道徳的価値を自律的に定義

づける。

第 5 段階（社会契約的遵法主義志向）：個人と社会との関係を考慮した合意形成がなされた規範やルールを正当な行為と見なす。場合によっては法と秩序の改正も可能と判断する。

第 6 段階（普遍的な倫理原則の志向）：自己の行為の正当性を、普遍的な倫理原則と照らし合わせて判断する。正義、平等、人権尊重等を普遍的原理として求める。

　以上の第 6 段階に至る道徳性発達段階は、思春期の16歳までを網羅したものになっている。コールバーグによれば、子どもの道徳性は脱慣習的水準に至ると、単なる自律的判断だけではなく、個人や社会との関係や人類普遍の道徳原則を考慮するようになるという。このようにピアジェの研究で指摘された脱自己中心的な自律的道徳性段階が、コールバーグにおいてはその段階的な違いを緻密に差異づけている点に、彼の研究の独自性が見出せよう。

　ただこのような独自性だけではなく、さらに注目されるのは、彼が個々の子どもの道徳性発達段階を引き上げていく教育方法を開発したことである。コールバーグは、「モラルジレンマ資料」と呼ばれる例話的教材を使って、子どもたちに道徳的ジレンマ状況を体験させ、そうした体験を通して個々の子どもの道徳的判断や根拠づけを引き上げていく道徳授業を試みている。

（2）モラルジレンマ資料による道徳教育実践

　彼が使用した代表的ジレンマ資料としては「ハインツのジレンマ」がある。

ハインツのジレンマ

　ヨーロッパで、一人の女性が非常に重い病気、それも特殊なガンにかかり、今にも死にそうでした。彼女の命が助かるかもしれないと医者が考えている薬が一つだけありました。それは、同じ町の薬屋が最近発見したある種の放

射性物質でした。その薬は作るのには確かに大変なお金がかかりました。ただ薬屋は製造に要した費用の10倍の値段をつけたのです。彼は単価200ドルの薬を2000ドルで売ることにしました。病人の夫ハインツは、お金を借りるためにあらゆる知人を訪ねて回りましたが、全部で半額の1000ドルしか集めることができませんでした。ハインツは薬屋に、自分の妻が死にそうだとわけを話し、値段を安くしてくれるか、それとも支払いの延期を認めてほしいと頼みました。しかし薬屋は、「だめだね。この薬は私が発見したんだ。私はこれで金儲けをするんだ」というのでした。そのためハインツは絶望し、妻のために薬を盗もうと薬屋に押し入りました。

質　問：ハインツが盗みをすることは道徳的に正しいか、それとも間違いか。その理由を述べなさい。

　このジレンマ資料を使った教育実践で重要なのは、単にハインツの行為に対する賛否ではない。それよりも重要なのは賛否を決める「理由づけ」、すなわち「どのような理由で道徳的判断がなされたのか」であった。子どもたちは、理由づけとなる道徳的判断に基づいて自他の判断を相互に比較しながら討論し、その正当性を考えていく。そして活発な討論活動によって彼らは、様々な道徳的判断を知り、自己の判断がどのような点で正しいのかを熟考していくのである。こうした討論活動においてコールバーグが注目したのは、討論していく中で個々の子どもの道徳的判断の段階に規則性が見出されたことであった。彼によれば、多くの子どもたちは自他の判断の比較において、自分よりも一段階高い発達段階の判断が提示されると、道徳性の発達段階が上がり、しかもそれは一気に上がるのではなく、段階的な連続性を持って上がるという。そのため個々の子どもの道徳的判断の段階を高めるためには、討論を通した相互のコミュニケーション活動が極めて重要であり、そうした活動を通して道徳的判断は段階的に引きあげられることをコールバーグは指摘した。このような研究成果は、ピアジェによって見出された子どもの道徳

性の発達段階を、道徳教育実践によって変えていく教育可能性を見い出した点で注目すべきものであった。

3　コールバーグの道徳教育研究の課題

　ピアジェにおいては単なる研究分析の対象でしかなかった子どもの道徳性発達は、コールバーグにおいて道徳教育実践の対象として捉えることが可能になった。このような研究成果は、道徳教育にとって極めて大きな影響を与えたといわれている。その意味でもコールバーグの研究は、単にピアジェの研究の継承と発展に寄与というだけではなく、従来の道徳教育の方法論に大きなパラダイム転換をもたらしたといえるだろう。

　世界的に見ても、それまでの伝統的な道徳教育は、当該文化圏や地域に必要な共通の社会規範や道徳的価値を取り上げ、その内容を子どもたちに教え込むやり方が主流であった。それはいわば価値の内面化を主要な教育目標においた教育方法であり、型を重視した教師の教え込みが重要な役割を担っていた。ただこの教育方法では、教えられる子どもの立場や自律性を考慮しない一方的な「インドクトリネーション（教化）」に陥る危険性を常に孕んでいたといえるだろう。これに対して、コールバーグの道徳教育実践では、一人ひとりの子どもの道徳性の発達段階が考慮され、討論中心の授業を通してその向上が図られることになった。ジレンマ資料を活用すれば、従来的な道徳教育とは違って、単なる価値の教え込みではなく、個々の子どもが互いに道徳的価値観を比べることで、価値の内面化を自ら行うことができる。こうした教育実践により道徳の授業は大きく変わり、討論型授業が教育現場に広く普及するようになったといわれている。

　ところがその後、コールバーグの道徳教育実践を行った学校では、個々の子どもの道徳性の発達段階は上がっても、学級の中で起こる反道徳的な問題行動に対して大きな効果が望めないこと。さらに、そもそも基本的な道徳規範が崩壊している荒れた学校では、コールバーグ的な教育実践が全く役立た

ないことが指摘された。こうした教育現場からの報告を受けて、リコーナを代表とする人格的道徳教育の研究者たちは、子ども個々人の道徳的発達を目的とする教育だけでは、道徳的行動へと導くことは困難であり、むしろ基本的な道徳的内容を直接教え込むことも必要であると主張した。この種の指摘は現場サイドからもなされ、大きな議論をよんだ。そのため、コールバーグ自身も教育困難校への視察を通してこうした指摘の一部の有効性を認めるようになった。そして彼は、モラル・ディスカッションによる実践の限界性を感じ、共同活動によって道徳的正義を育成させる「ジャスト・コミュニティ」の道徳教育を進めたが、その研究の途上で亡くなってしまった。

　このようにコールバーグ的な教育実践は、個人の道徳的自律性の育成に大きな寄与をもたらしたが、多様な集団において規範を形成させるための有効な手段には必ずしもなりえなかったといわれている。したがってコールバーグの研究以後、自律した個人の構成する集団において、どのようにすれば合意された規範形成が実現できるのかは大きな研究課題となっている。

参考・引用文献

荒木紀幸編著『道徳教育はこうすればおもしろい―コールバーグ理論とその実践』北大路書房、1988年。

荒木紀幸監修、道徳性発達研究会『モラルジレンマ教材で白熱討論の道徳授業：中学校・高等学校編』明治図書、2013年。

伊藤啓一「リコーナの統合的道徳教育論」『アメリカ教育学会紀要　第8号』1997年。

コールバーグ著、岩佐信道訳『道徳性の発達と道徳教育―コールバーグ理論の展開と実践』麗澤大学出版部、1987年。

ピアジェ著、大伴茂訳『児童道徳判断の発達』同文書院、1957年。

リコーナ著、三浦正訳『リコーナ博士のこころの教育論―「尊重」と「責任」を育む学校環境の創造』慶應義塾大学出版会、1997年。

第3章 主体的・対話的な徳の〈学び〉の可能性

　コールバーグの道徳教育実践が、人間関係と規範の崩壊している学校では有効に機能しなかった事実は、道徳性発達を促進する教育活動で個々人の発達段階が上がったとしても、それに連動して人間関係や集団の規範形成が向上するわけではないことを示している。すなわち、人間関係のあり方で個々人の考えが変化することはあっても、個々人の考え方の変化だけで人間関係や集団のあり方が同じように変わるわけではない。

　人間関係や集団のあり方を変えていくためには、個々人の変容と共に、その個々人が互いに関係性を保持しながら積極的に現状を変えていこうとする別な努力が必要である。というのも社会生活の基本的枠組みは、単に個人が存在すれば形成されるものではなく、あくまでもその構成員がそうした枠組を意識的に作ろうとする努力なしには構築されないからだ。したがって社会生活のあり方も、社会を構成する個々人の「相互行為」を通して作り上げられていくべきものである。ハーバーマス（Habermas, J., 1929〜）は、コールバーグの教育実践論を批判しながら、社会生活における相互行為のあり方を分析した人物の一人として知られている。

　ここでは、まず最初に彼の相互行為論の前提であるコミュニケーション的行為論について概観しておきたい。

1　コミュニケーション的行為の意味

(1)　二つの社会的行為

　ハーバーマスによれば、我々の社会的行為には「戦略的行為」と「コミュ

ニケーション的行為」があるという。戦略的行為とは、話す相手の主張を論破する、あるいは権力によって相手を圧倒することで目的を達成したり、逆に自分の意に反して従わせられる行為のことをいう。しかし我々の日常生活においては、こうした行為だけでなく会話による話し合いでお互いを理解しながら、最終的には互いの気持ちを分かち合うことは多い。この場合、我々は話し合いを始める前にはなかった相互理解を深め、「合意」や「了解」へといたる状況をつくっていると考えられる。ハーバーマスはこのような会話を「コミュニケーション的行為」と名づけている。

　ところで、このような会話はどうして可能になるのであろうか。彼によれば、それは会話を行っている双方が無意識の中で「理想的発話状況」を想定しているからだという。そうでないと会話は成立しないし、続くこともないだろう。なぜなら、双方にそのような思いがなく、話し合っても相互理解できないことが初めから分かっているなら、あえて会話をしようとは思わないからだ。したがって理想的発話状況を想定することは、会話を成立させる前提条件となる。ただそのような状況はあくまでも理想であり、現実にはそうならないことが多い。よほどの偶然でもない限り会話する前から両者が全く同じ発話状況に達していることはないだろう。だが我々は、互いを分かち合い、合意や了解ができる状況を「理想」に掲げ、それを目指して会話を続けていくことはできるのではないか。

　こうした理想的発話状況を可能にする指標としてハーバーマスは、①真理性、②正当性、③誠実性の三つを挙げている。しかもそれらは、人間が営む三つの世界、すなわち「客観的世界」「社会的世界」「内的体験世界」における個々の発言の妥当性に関わる指標とされるものである。個々人の発言は、人間を取り巻く外的世界（「客観的世界」）の「真理性」、文化的に作り上げられた社会的環境（「社会的世界」）の「正当性」、人間の主観や意識など精神的世界（「内的体験世界」）の「誠実性」と照らし合わされて、それらが妥当であるか否かで、理想的発話状況の実現可能性が判断される。そして、その判断

が妥当であれば、会話において合意や了解が図られ、相手と自分の間に相互主体的な状況が確認されるのである。

（2）学校教育におけるコミュニケーション的行為の構造

　ところで上述した三つの指標や世界は、家庭における親と子どものコミュニケーションでは不明確なままに展開されることが多い。もちろん個々の親子関係で違いがあるにしても、そこで日常的になされる会話の場合、それぞれの世界における三つの指標を明確に意識しなくともコミュニケーションはできる。親子間の暗黙の合意や了解に基づいて会話がなされるときに三つの指標の妥当性を敢えて問うことはないだろう。子どもは親の背中を見て育っていくのであり、もし行き違いがあれば話し合いを通して合意や了解を取り直せばいい。

　ところが学校教育においては、家庭内のコミュニケーションとは違って暗黙の合意や了解が最初から取れるわけではない。むしろとれないことの方が多いかもしれない。そのため学校では、そうした合意や了解を一から新しく作り上げることが求められる。とりわけ教室でなされる教師と生徒たちとのコミュニケーション活動は、学ぶべき教育内容によって様々な世界を形成していかなければならない。しかもそれらの世界は、教師と生徒たちによって共同で構成されていく必要がある。つまり様々な教育活動において、両者は学習課題として共同で世界を構成していかなければならない。渡邉は、ハーバーマスが指摘する三つの世界を学校教育に対応させ、次のように述べる。すなわち、国語、数学、社会、理科、英語等の教科教育は、客観的世界の共同構成を目指すものであるし、道徳教育や特別活動等は、社会的世界の共同構成を目指すものであり、一人ひとりの内面的世界の共同構成には、学級や学校の教育風土や文化の構築や継承と密接に関わっているという。そして、このような共同構成を図る教育活動が、学級や学校社会の基本的な枠組みになるものであり、その種の活動がコールバーグの実践では十分ではなかった。

2　学校の規範構造とコミュニケーション的行為

　コールバーグの実践で不十分だったのは、学級集団や学校社会の基本的枠組みとなる「規範構造」を構築させる教育活動であった。そもそも規範構造とは、文化・宗教・政治性の違いによって形成される特定の集団や社会の規則や行動様式の基準であるが、渡邉はそうした構造を、教師と子どもたちが社会的世界の共同構成活動を通して、学級集団や学校社会の規範構造を作り上げる可能性を述べている。

　確かにコールバーグの道徳教育実践では、ジレンマ例話による話し合い活動を通して個々人の道徳性発達が向上することが確認されている。ただ、コールバーグの教育実践論の問題点は、集団や社会の基盤にある規範構造に関する観点が見過ごされているため、結果的には規範に対する判断が個人主義的な視点からしかなされないことである。つまり社会システムと個々人の道徳性との相互関係の観点が欠落しているので、結局規範構造を是認するか否かの問題が個々人の判断に任されてしまう。

　そのような集団や社会の規範構造の問題を個人レベルの問題に還元させないためには、個々人が規範構造に対する考えを提起し、その妥当性を話し合う活動に展開させる必要があるだろう。その場合、時には既存の規範の正当性を疑い、新しい規範への合意や了解を図る話し合いも行われる必要があり、それによってこれまでとは違う学級集団や学校社会の新たな関係性を生み出すことも可能となる。そして、その種の話し合い活動は、一方的な意見の押し付けを意味する「デスクール（discours）」ではなく、従来の規範や規範構造そのものの正当性を疑い、新しい規範への合意や了解を図る話し合い活動、すなわち「討議」や「論議」を意味する「ディスクルス（Diskurs）」になることが求められる。

　渡邉及び兵庫教育大学研究グループは、このディスクルスを活用した次のような道徳授業の理論・実践活動を展開している。それは「『教室という社会』を規定している関係の基盤にある規範構造を組み替えていくために、そ

の時間に扱う道徳的課題に含まれる規範や価値について『教室という社会』の構成員である生徒たち自身がその正当性（根拠）を話し合いによって吟味し合う」（傍点、筆者）授業である。

　以下、そのような道徳授業の主要な構成要素についてまとめておきたい。

3　ディスクルス的な道徳授業のモデル—4つの構成要素—

(1)　価値の創造を目指す授業

　その一つ目は、従来の道徳授業によく見られる価値の「伝達」ではなく、既存の文化的・社会的価値内容の正当性を問いながら、新しい価値の「創造」を目指す授業である。生徒たちはすでに家庭や地域社会の日常生活の中で、自覚するしないにかかわらず様々な価値内容を受容してきている。そして学校において彼らは、個々の価値に基づいて様々な行為をおこなう。しかし集団生活では個々の行為の正当性はいつも認められるわけではなく、時には様々な行為がぶつかりあい、対立を生むこともある。その際に確認され、検討されなければならないのは、個々の行為を規定している規範や価値の正当性である。それを問うためには、話し合いを通して正当性や妥当性がディスクルスされなければならない。ディスクルス的な道徳授業（以下、ディスクルス授業）の第一の目標は、授業の中で立てられた学習課題を解決するために、学級全員がそれに取り組み、学級における規範構造を組み替えていくことである。そうした目標が設定された授業で重要なのは、個人の内面において捉えられる規範や価値に対する道徳的判断ではなく、学級のメンバーが自己と他者との関係を通して獲得される共同判断形成である。そもそも集団や社会における規範やルールは、個々人が一人で作り上げそれに従うものではない。それは常に他者との合意や了解を得て作られるものであり、共同してそれに従っていくものである。そのためには、相互行為を調整する能力としてのコミュニケーション能力が必要となり、それは必然的に共同活動の形態をとることになる。したがってこの種の授業で重要なのは、教室における

相互行為としての共同活動であり、それが「話し合い活動」である。

(2) 共同活動としての話し合い活動

　ディスクルス授業にとって二つ目に求められるのは、共同活動としての話し合いである。渡邉は、そうした活動が成立するためには以下の6つの条件が必要であると指摘する。①誰も自分の意見を主張することをじゃまされてはならない。②自分の意見は必ず理由をつけて発言する。③他の人の意見にははっきり賛成か反対かの態度表明をする。その際、理由をはっきりいう。④理由が納得できたらその意見は正しいと認める。⑤意見を変えてもよい。ただしその理由をいわなければならない。⑥みんなが納得できる理由を持つ意見は、みんながそれに従わなければならない。

　教室において共同活動としての話し合いが行われるためには、授業に参加する学級の構成メンバーの全てが自分の考えを主張できる環境が必要となる。誰もが意見を平等にいえることが重要である。そのためには授業教材は、皆が賛成か反対かを明確に表明できるジレンマ例話的な題材であることが望ましい。教材に登場するテーマや人物の考えは、話し合い活動を誘発する価値葛藤を持った内容が求められる。そうしたジレンマ的内容に対して、個々人は自分の考えを主張していくのである。

　ただその際に必要なのは、自分の考えの正当性を保障する「根拠データ」と「論拠」を明確にすることである。ここがコールバーグの道徳教育実践においてよく使われるモラルジレンマ的な道徳授業との大きな違いであるといわれている。モラルジレンマ的な授業でも賛成や反対の主張を選択することは重要であるし、その選択の理由を個々人が考えていくことが求められるが、多くの場合その理由の論拠を根拠データに照らし合わせて確認することはない。ところがディスクルス授業の話し合い活動では、個々人が自己の主張の正当性を確認するために根拠データの整理と論拠の分析をすることが重要な課題となる。しかも、個々人の主張の論拠は、話し合い活動を通してその優

先順位がつけられ、それに対する合意や了解の話し合いが必要とされる。そのために生徒たちは自己と他者の主張の親和性や食い違いを確認し、相互理解を図りながら合意形成を目指していく。この合意形成の共同活動こそが、学級集団や学校社会の規範構造を組み替えていく営みそのものであるといえるだろう。

(3) クローズドエンドを目指す授業展開

　このような合意形成を図る話し合い活動が重要であるがゆえに、ディスクルス授業で三つ目に求められるのが「クローズドエンド」の終末である。この点も「オープンエンド」で終わるモラルジレンマ的な授業と大きく異なる点である。モラルジレンマ授業では、教材となるジレンマ例話そのものの内容が二項対立図式を取っているため、授業に参加する生徒たちは最初からどちらかの立場に立つことが求められる。そして、価値と価値との葛藤を経験しながら自己が判断した立場にたってその理由を考え、結論を出していく。このような授業の場合、最終的に尊重されるのはあくまでも個々人の自己判断なので特定の結論に集約される必要はない。そのため、授業では学級全体の判断は求められず、結論のないオープンエンドの終末へと導かれていくことになる。

　これに対してディスクルス授業は、二項対立式の「どちらにすべきか」ではなく、学級の構成メンバーが合意形成をはかるために「どうすべきか」を検討しながら話し合い活動が展開される。そのため授業の終末は、ある合意形成へと集約していくように、いわば閉じていくものでなければならないので、クローズドエンドになる。そのような展開が求められるのは、ディスクルス授業においては価値葛藤が目標ではなく、行為と行為の対立や、行為を規定している規範と規範の対立を乗り越えた合意形成が学習目標であるからだ。

　ただ注意しなければならないのは、このようなクローズドエンドの授業で

は、授業方法や教授のし方によっては、価値を意識的に教え込む授業になる危険性がある。例えば生徒たちの話し合い活動がまとまらず、合意形成が図れない場合に、教師が合意形成を促すような指導を意識的に行ってしまう場合があるが、これでは話し合いの意義が半減してしまう。なぜなら合意形成は民主的な話し合い活動を通して行われるべきものであり、教え込まれるものではないからだ。これはディスクルス授業が、オープンエンドで終わるモラルジレンマ授業とは違い、学級の構成メンバーたちの合意形成が学習目標であることから生じる構造的な問題でもあるといえる。したがって、そうならないためにも、教師は授業の中で個々の生徒の意見を積極的に取り上げ、民主的な話し合い活動によって合意形成が図れるように学習支援していく必要がある。

(4)「対話促進者」としての教師の役割

　ディスクルス授業が意図的・意識的な価値の教え込み授業にならないためには、教師が生徒同士の民主的な話し合い活動を積極的に支援する必要がある。その際、教師に必要とされるのは「対話促進者」としての役割である。対話促進者としての教師には、話し合い活動に参加する生徒たちの討論が活発になるように支援し、合意形成へとうまく進んでいくように促していくことが求められる。この種の役割と類似したものに「ファシリテーター」がある。これは臨床心理領域の教育スタッフ役として知られており、エンカウンターグループに参加するメンバーの学習や気づきを促進する者として理解されることが多いが、ここで取り上げる「対話促進者」は、ファシリテーターよりもメンバー間の「対話」を円滑にさせ、民主的な合意形成へと話し合い活動を促す役割が強い。対話促進者の独自性はこの点に求められる。

　対話促進者としての教師は、話し合い活動に参加する生徒たちの主体的な学習を支援する役割を担う。生徒たちが話し合いを行う時、誰かに強制されたり、授業としてやらなければならないという気持ちをもってしまうと、活

気のある学びの場にはならないだろう。話し合いには参加する生徒たちが、自発的に発言しようとする意欲を持ったり、他者の意見に耳を傾けようと意識するようにならなければ彼らの達成感は望めない。教師には、生徒たちの対話意欲を引き出しながら、生徒たち自身が話し合うことの楽しさを感じられる雰囲気づくりが必要である。

　さらに教師に求められるのは、話し合い活動を行う生徒同士の相互作用を促進する支援である。これは対話促進者の重要な役割の一つである。話し合いの場では、個々の生徒の持ち味を余すところなく発揮できる雰囲気が必要であり、生徒一人ひとりの個性が現れる発言を引き出させる教師の語りかけも重要である。そのため話し合いの方向性や、合意形成への道のりも、予め決められた学びのプロセスにはならないし、時には教師が臨機応変に学びの構造を組み立てる必要も出てくる。教師は、そうした話し合い活動の舵取りをしなければならない。

4　事例検討：ディスクルス授業の教材例「自然景観の保護と地域開発」

　ここではディスクルス授業の一教材例を紹介したい。すでに指摘したようにディスクルス授業では、ジレンマ例話を活用する。しかしモラルジレンマ授業で取り上げる例話とは違って、二者択一式の内容ではなく、終末に合意形成が可能となるような構成になっている点に注意していただきたい。

> 話し合い活動教材：ジレンマ例話「自然景観の保護と地域開発」

　A町の湖畔公園は、地域の憩いの場所となっている。B湖には毎年渡り鳥が飛来する自然豊かな環境に恵まれている。ただ、A町にはこれといった産業がないため近年人口の減少が進み過疎化の影響は深刻になっている。ところがつい最近、精密機器工場招致の計画が起こった。精密機器工場建設のためには部品の洗浄のための水源が欠かせず、B湖周辺の広大な土地は建設用地としては最適であった。ただ建設用地には湖畔公園も含まれており、その是非を問う公聴会をA町役場が開くことになった。A町住民は、

何とか湖畔公園の自然を守るために公聴会に出席して、湖畔公園の存続を求めることになった。

〈話し合い活動のポイント〉
①湖畔公園存続のために何が問題となっていますか。

②湖畔公園はＡ町住民にとってどのような存在であるかを話し合った上で、湖畔公園の自然保護を前提としながら、工場誘致による地域開発も実現させるためにはいかなる問題解決策があるかを考えてみよう。

　このようにディスクルス授業の教材は、モラルジレンマ授業の教材とは異なる点がある。それはジレンマ例話から賛成・反対の二者択一の理由を考える形式をとらないことである。例えば、モラルジレンマ授業でこの教材を活用する場合には、Ａ町住民が、工場誘致を進めるＡ町役場に反対して、住民運動を展開する次のような質問を生徒に提示して、賛成か反対かを問うような授業展開が考えられる。

　〈質問〉Ａ町住民は、Ａ町役場の工場誘致に反対する住民運動を始めた。このような運動をどう思いますか。賛成・反対のどちらかに〇をつけ、そ

の理由をなるべく詳しく書いてください。

そして、生徒の回答としては、以下のような理由が想定できるだろう。

「賛成」の場合の理由

> A町の自然保護の重要性を考えれば、この場合、住民運動を起こすのはやむをえないが、過疎化のA町の地域開発も大切なので判断は難しい。しかし自然保護の重要性を考えれば、運動を起こすこともやむを得ないのではないか。A町住民が運動を起こすことは理解できる。自然保護を最優先に考えるしかないだろう。

「反対」の場合の理由

> A町民の住民運動には反対だ。自然保護も確かに重要だが、保全活動だけでは暮らしていけないし、過疎化で人口減に直面しているA町には、産業振興が重要だ。自然保護と地域開発のどちらを優先させるかは難しい問題だが、この場合地域開発を優先せざるを得ないのではないか。

ディスクルス授業では、このような賛成・反対の二者択一の問いに答える形式はとらない。話し合い活動のポイント①、②のように、まずA町民の立場とA役場の双方の立場を明確にしておくために、双方はどのような価値に基づいて主張しているのかをポイント①で確認し、続いてポイント②で双方が納得できる合意形成のための話し合い活動を行うことになる。しかも、話し合いのゴールは一応決めておいて、双方が歩み寄れる合意を目指す。以下は想定される生徒の意見である。

　①湖畔公園存続のために何が問題となっていますか。

> 住民の憩いの場となっている湖畔公園の自然保護を優先するA町住民の主張と、過疎化で人口減が進むA町の地域開発を優先するA町役場の計画が対立し、いわばジレンマ状況に陥っている。

②湖畔公園はＡ町住民にとってどのような存在であるかを話し合った上で、湖畔公園の自然保護を前提としながら、工場誘致による地域開発も実現させるためにはいかなる問題解決策があるかを考えてみよう。

> Ａ町民にとって湖畔公園は憩いの場になっているし、自然は失われてしまうと簡単には回復できない。湖畔公園の自然は出来る限り保全していく必要がある。しかしＡ町役場が進める地域開発計画も重要な課題である。そのため、Ａ町役場は住民のエコロジー活動への財政的支援や、環境保全活動に積極的に関与したり、工場側も自然の景観を極力損なわない建物や、水質保全が維持されるような工場建設を住民と一緒になって考えていく必要がある。

　このように生徒たちは、双方の立場を尊重する自由な発言を行いながら、Ａ町民とＡ町役場及び工場側の双方が歩み寄れる合意を形成する話し合い活動を進め、ポイント②に答えていくことになる。

5　合意形成を図る道徳授業の課題

　ディスクルス授業のような合意形成を図る道徳教育は、今日の社会情勢において重要な役割を担っているように思われる。特に、従来の道徳授業によく見られた価値伝達の教育ではなく、価値を新たに創造していく徳の学びは、急激に変容し、複雑化している現代社会において強く求められているものである。というのも今日必要とされているのは、急激な変化に適応できる多様な価値創造を可能にする教育であるからだ。また、共同活動としての話し合い活動は、自己中心的な考えに陥りやすい思春期の子どもたちが自己と他者との関係性を冷静に見つめ直す大切な機会を与えてくれるように思う。特に道徳的判断が個人レベルに収束するモラルジレンマ授業とは違って、ディスクルス授業では学級集団において有意義な共同判断が生みだされる可能性がある。

　ただ現状において、このような合意形成を図る道徳授業を学校現場で実施するためには多くの課題があることも事実である。例えば話し合い活動一つ

とってみてもその実現には困難が伴う。例えば皆が活発に話し合える活動は
どうすれば可能になるのだろうか。教室には繰り返し発言ができる子どもも
いれば、自分の本音をなかなか出せない子どももいるし、自分の意見を譲ら
ない子ども、他者の意見にすぐに迎合する子どもなど、多種多様である。そ
のような学級集団において、本当に活発な話し合い活動が可能になるかどう
かは難しい問題である。

　さらに対話促進者としての教師の役割も重要である。有意義な話し合い活
動や合意形成を実現させるためには、教師自身が優れた相互調整能力を高め
ていく必要がある。そのための「理論＝実践」的な取り組みが今後ますます
重要になっていくであろう。

　（本書では、第 2 部　徳の〈学び〉の実践　第 6 章で、ディスクルス授業を効果的
に行うための教材と、その分析を行っているのでご一読いただきたい）

参考・引用文献

　杉中康平「『コミュニケーション的行為の理論による『モラルジレンマ』授業の再
　　構築に関する実践的研究」日本道徳教育方法学会『道徳教育方法研究』第11号、
　　2006年。
　ハーバーマス著、河上倫逸他訳『コミュニケイション的行為の理論』（上・中・下）
　　未来社、1985〜1987年。
　ハーバーマス著、三島憲一他訳『道徳意識とコミュニケーション行為』岩波書店、
　　1991年。
　堀公俊他著『教育研修ファシリテーター』日本経済新聞出版社、2010年。
　野平慎二「コミュニケーションと道徳教育」小笠原道雄他編『道徳教育の可能性−
　　徳は教えられるか−』福村出版、2012年。
　渡邉満「教室の規範構造に根ざす道徳教育の構想」林忠幸編『新世紀・道徳教育の
　　創造』東信堂、2002年。
　渡邉満『「いじめ問題」と道徳教育—学級の人間関係を育てる道徳教育—』ERP、
　　2013年。

第4章　わが国の徳育の歴史と課題

　わが国の徳の教育は、前章まで見てきた徳をめぐる様々な理論や実践を包摂する歴史の大きなうねりの中で展開されてきたといってよい。ここでは、明治以降のわが国における徳育の歴史的変遷と今日的課題について論究する。

1　欧化主義政策と徳育

　明治政府は欧米の優れた思想・文化や産業技術を積極的に導入するため、欧化主義政策を推進した。それは個々人の立身出世への努力が国家の繁栄に結びつくという思想に基づいて、文明開化、富国強兵、殖産興業を進めていく政策だった。こうした欧化主義政策の実現のために最も重視されたのが民衆の知的啓蒙である。そのため政府は、明治5年（1872）に「学事奨励に関する被仰出書」を布告し、民衆が自ら進んで教育を受ける義務を示した。さらに布告の翌日には「学制」を頒布して近代的な学校教育制度の確立を急いだ。

　このような事情から、学校教育で当初優先されたのは民衆の広範囲な知的啓蒙であり、知育の向上が最も重要な教育課題となったために、徳育は比較的軽視された。それは初等教育施設である下等小学や上等小学の教科の位置づけにもあらわれている。4年間の下等小学で筆頭科目にされたのは「綴字」であり、以下「習字」「単語」「会話」「読本」と続き、「修身」は6番目であった。それも低学年の第8級から第5級（今日の1学年から第2学年にあたる）の2年間だけであり、時間数も第6級までは週2時間であったものが、後期には週1時間となり、第4級以降は授業が行われなかった。そして上等小学では修身という教科そのものが設置されなかった。修身科の授業形態も

「修身口授
ギョウギノサトシ
」と呼ばれる教師の「口述」や「説話」が中心であった。道徳的
読み物としては、福澤諭吉が英国人チャンブルの『モラル・カラッスブッ
ク』を翻訳した『童蒙教草
ドウモウオシエグサ
』や、中村正直が翻訳したサミュエル＝スマイル
ズの『西国立志編』などが読まれたといわれているが、実際には教訓的な往
来物の流れをくむ道徳書が教科書として使われることが多かった。

2　徳育重視の政策転換

　欧化主義政策の弊害が次第に現れてきたのは明治10年代である。明治12年
(1879) には明治天皇が「教学聖旨」を公にするが、これは天皇が地方巡幸
で感じた民衆の文明開化批判を侍講元田永孚の意見に基づいて表したもので
あった。そこには、仁義忠孝を柱とする儒教道徳の考えがまとめられており、
欧化主義政策を進める伊藤博文ら開明派の教育方針とは相いれない側面が多
かったといわれている。ただ、同じ年に学制を廃して公布された「教育令」
の自由主義的な文教政策は、その後も有効に機能せず、民衆にも強い不満が
広まっていった。そのため明治13年 (1880) には従来の文教政策とは一線を
画する「改正教育令」が出された。その内容は極めて保守的であり、儒教主
義の教育方針が強調されていた。この法令により、学校教育では知育よりも
徳育を重視する教育政策が進められることになったのである。その政策の象
徴と見なされるのが、修身を筆頭科目に格上げしたことである。

　明治14年 (1881) の「小学校教則綱領」では、教授法として教訓や格言の
暗唱が推奨され、時間数は小学校の初等科や中等科で各学年週6時間、高等
科では週3時間となり、トータルの時間数は学制の時期と比べると実に12倍
になった。さらに、修身を指導する教員に対しては「小学校教員心得」が出
され、「尊皇愛国ノ志気ヲ振起」する教員が守るべき徳育優先の教育思想が
提示された。同年「中学校教則大綱」や「師範学校教則大綱」も出され、教
員養成段階から初等・中等教育に至るまで統制的な教員養成が強められてい
った。

「教育ニ関スル勅語」（以下教育勅語）が明治23年（1890）10月30日に発布されたことは、先述したような徳育重視の教育政策を決定的なものにした。教育勅語が発布される直接の契機は、明治天皇が同年2月の地方長官会議で出された徳育重視の建議を取り上げたことに始まる。時の首相山縣有朋は芳川顕正文部大臣と共に、中村正直、元田永孚、井上毅らが作成した草案を検討し、最終的に元田と井上の案をもとにして成案化した。その内容は、日本古来の伝統思想に立脚しながら天皇を崇敬し、儒教的な徳目の重要性を確認するものであった。

　教育勅語の具体的内容は3つの構成から成り立っている。第1段では、天皇の「有徳」と臣民の「忠孝（忠節・孝行)」は国體の精華であることが強調され、第2段では、「孝行」「友愛」「夫婦の和」「朋友の信」「謙遜」「博愛」「修学習業」「智能啓発」「徳器成就」「公益世務」「遵法」「義勇」など12の徳目が示され、第3段では、それらの徳目は歴代天皇の遺訓であり、古今東西に通ずる普遍的なものであることが確認されている。

　このような内容の教育勅語には、確かに欧米的な近代市民倫理を代表する博愛心や公益性や遵法思想等が取り入れられている。しかしながら、勅語の基底には仁義忠孝の徳育を重視する伝統的儒教思想が横たわっており、元田永孚ら保守派の意向が色濃く反映されていたといわれている。

　この教育勅語の発布によって、天皇制を支える臣民の徳育に対する基本方針が方向づけられ、第二次大戦終結まで続く国家主義的教育の指導原理が確立することになった。こうした原理は、修身教科書の編集に多大なる影響を与えたといわれている。修身教科書は、検定制（明治19年から）が廃止される原因となった教科書疑獄事件をきっかけに、明治36年（1903）からは国定教科書として使われる。そして国定の修身教科書に対しては、明治後期・大正・昭和を通じて5回の改訂が行われている。それぞれの時期の特徴は以下の通りである。

　第1期（明治37～42年）の教科書は、内容的には国家主義・儒教主義重視

ではあるが、近代的市民倫理を学ぶ題材も取り上げられており、ソクラテス、コロンブス、ニュートン、リンカーン、ワシントン、フランクリン、ジェンナー、ナイチンゲールなどの逸話が紹介されている。

　復古的内容が強調された明治43年（1910）から大正 6 年（1917）までの第 2 期修身教科書では、家族主義と国家主義が融合した「家族国家観」が前面に出された。第 1 期で取り上げられた近代的な個人的・市民的な倫理観の項目が大幅に削減され、天皇を崇敬する忠孝の念や国家観念の涵養が強く打ち出された。

　第 3 期（大正 7 ～昭和 7 年）の修身教科書は、第一次大戦後の国際的なデモクラシーの影響を受け、前回とは大きく変わって欧米の規範項目が復活するなど国際協調的な内容が数多く取り上げられた。

　昭和 8 年から15年にかけて使われた第 4 期の修身教科書は、世界恐慌、労働運動の激化、そして満州事変勃発（昭和 6 年）等、国内外の政治的影響が強く反映された内容になった。この教科書では一方で新教育運動の影響から、児童に興味を持たせるための色刷りの挿絵や、童話や寓話が採用されている面もあるが、他方で忠君愛国の精神と天皇及び国家に対する従順が強調されるなど国家主義的傾向性が強くなった。

　第 5 期（昭和16年～20年）の修身教科書は、国民学校令の「国民の基礎的錬成」を目指す軍国主義、国家主義的内容で埋め尽くされている。日本を「神ノ國」と呼んだり、部下思いの士官を賛美した「軍神のおもかげ」や「特別攻撃隊」等の題材が初等科修身で取り上げられている。

3　戦後期の道徳教育政策の展開

　戦後の民主的教育改革は、連合国軍最高司令官総司令部（以下 GHQ）の指令下で進められた。GHQ は、日本の軍国主義の排除と民主的改革を断行したが、それは政治、行政、経済の分野だけではなく、教育の分野にも及んだ。政府は、いち早く昭和20年（1945） 9 月には「新日本建設ノ教育方針」を公

表し、これまでの国家主義や軍国主義的な教育思想や制度を廃止し、平和的な国家建設のために必要な方策を提示した。だがその内容は、従来通り国體の堅持など旧来の政治体制を維持することが基本とされており、民主的な教育を作り上げるための大胆な方策は考えられていなかった。

　ところが GHQ の教育改革は、政府が想定していたものよりもはるかに厳しい内容であった。10月から12月にかけて、教育に関する強制的指導である「４大教育指令」が出された。まず最初の第一指令「日本教育制度ニ対スル管理政策」（10月22日）では、文部省が GHQ の指令を着実に実行しているか報告義務を命じた。第二指令「教員及ビ教育関係者ノ調査、除外、許可」（10月30日）では、教職員と官僚の思想調査を行い、超国家主義的傾向性がある者の解雇と再就職を禁じる命令を出した。第三指令「神道指令」（12月15日）では、学校における神道教育の禁止や、皇室等を賛美する教育が禁止された。そして第四指令「修身、日本歴史及ビ地理ノ停止」（12月31日）では、道徳教育としての修身と、歴史と地理の授業を GHQ の指令があるまで停止する命令が出された。

　こうした指令を着実に実行させ、民主的教育改革を進めるために、GHQ は下部組織に民間情報教育局（以下 CIE）を設置した。さらに昭和21年（1946）３月には第一次米国教育使節団が来日し、CIE と連携して抜本的な改革を進めた。同使節団は、ニューヨーク州教育長官のストッダード（Stoddard, G. D.）を団長とする総勢27名の教育学者や教育家たちで構成されていた。使節団は、日本側代表である「日本教育家ノ委員会」にも協力を得て各地の学校教育現場を訪問して日本における教育の現状を調査し、民主的な教育改革に関する協議を行った。およそ一か月にわたる滞在を通して得られた調査と検討は『米国教育使節団報告書』（以下第一次報告）にまとめられ、公表された。

　この第一次報告書では、先ずこれまでの日本教育の大きな問題点である中央集権的教育制度、画一的で知育中心の授業形態、エリートと一般庶民を区

別する階級的学校体系、国家主義的教育目標等が批判され、それらに代わって個人の基本的人権を保障した民主的教育システムの構築が強く求められた。6・3・3制の学校教育制度や男女共学、教育の地方分権化と教育委員会の創設等はその具体的な提案の代表的なものである。そのような基本的な提案と共に、報告書で問題にされたのは修身教育であった。日本の道徳教育である修身教育の問題点は、従順なる公民を育てるために、国民に忠義心を強要し、そうした教育を実現させるために中央統制的な学校教育制度と行政を完備させたこと。さらに、教師の自由な教育的取り組みや批判能力を封じ込め、民主的な道徳性の育成を行わせなかったことが問題にされ、その改善が強く求められた。

　これら一連の教育の民主化に対する GHQ の強い指導を受け、政府は法制面で民主的教育の実現を進める作業に入っていく。それが「教育基本法」の制定である。昭和21年（1946）8月に首相が管轄する建議機関として設立された「教育刷新委員会」は、民主的教育を推進するために今後は教育勅語に代わる新勅語を奏請しないことを決議し、そのかわりに法令に則った教育のあり方を明記した教育基本法の制定を提案した。そして、この年11月には日本国憲法が制定され、第26条で国民の教育権が記され、翌年の3月には、教育基本法と学校教育法が成立する。そして昭和23年（1948）には、天皇中心の教育観に基づく教育勅語は、主権在民を謳った憲法や教育基本法の精神にそぐわないとして衆参両院で「教育勅語排除失効確認決議」がなされた。

4　混迷した道徳教育の方向性―公民科構想から全面主義の道徳教育へ―

　ところで修身教育に代わる道徳教育の具体的な展開は、GHQ 及び CIE 側と日本側の双方で個別に議論が進められていた。ただ当初米国側は、日本側の民主的な道徳教科設置の動きを黙認していたといわれている。第一次報告書でも、新しい教科としての道徳の創設を否定したわけではなかった。

　こうした状況の中で、政府はすでに昭和20年（1945）12月に公民教育刷新

委員会から答申を受け取り、従来の国家主義的教育を否定し、新しい修身教育と公民教育が調和した教科「公民科」の設置を目指し、翌年9月には『公民教師用書』を刊行した。そこには超国家的教育理念に立っていた修身教育を反省し、児童生徒の実生活の中で必要となる自発性や個性尊重、合理的精神に立った道徳実践の必要性が盛り込まれていた。

　ところがCIEは昭和21年（1946）の半ば以降、この『公民教師用書』に修正を加え、それを新設教科「社会科」の一部とする方針を固め、歴史、地理、公民の内容をも含みこんだ総合的な社会科学的教科のプランを提示した。そのため、この時点で道徳が新しい教科として設置される見込みはなくなってしまう。

　昭和22年（1947）には、国の教育課程の試案として「学習指導要領」が告示される。そこには従来の修身、公民、歴史、地理の教科に代わって、新生の教科「社会科」が小・中学校及び高等学校に設置された。その内容には、社会生活についての「良識」を育成し、そのために社会認識を身につける教育と、民主的な社会建設のため児童生徒に必要な道徳的態度や能力を指導目標にすることが盛り込まれていた。このように戦後期の社会科には、民主主義建設のための政治的知識を学びながら、道徳的態度や能力を育成させる意図が込められており、「道徳教育は社会科教育において行われるべきである」というイメージが認知されていたといわれている。

　しかしながら昭和25年（1950）前後の極東アジアの政治状況や国内の政情不安は、上述のような教育方針に大きな変更を迫ることになった。反共的な米国の極東政策を意識した第二次米国教育使節団は昭和25年に来日し、報告書を提出するが、そこには道徳教育強化の方針が明示されていた。同報告書では、道徳教育を社会科の一部として行うのではなく、青少年の多様な経験と学習を含むより全体的な教育として行うことを求めている。そのため道徳教育は全教育課程で実施されることが提案され、それは昭和26年（1951）年7月の学習指導要領に反映された。

　こうした道徳教育の方針は、当時の文部大臣天野貞祐の諮問に対する教育課程審議会の「道徳教育振興に関する答申」（昭和26年1月）にも色濃くあらわれている。この答申では、特定の教科として道徳を設置することを明確に否定し、①道徳教育は学校教育全体の責任で行うこと、②社会科やその他の教育課程を正しく運用して行うこと、③そのために、児童生徒の発達段階に対応した道徳教育計画を立てる必要性と、それを行うための手引書を作成することの3つが指摘された。文部省はこの答申を受けて『道徳教育のための手引書要綱』（昭和26年4〜5月）を発表した。

5　「道徳の時間」の特設と学習指導要領の改訂

　学校の教育活動全体で道徳教育が行われるべきだとするいわゆる「全面主義」の方針が修正されたのは、昭和33年（1958）の学習指導要領改訂であった。この改訂では、道徳教育の現状が必ずしも計画的に行われていないことが指摘され、学校・家庭・社会を結ぶ新しい道徳教育の振興のために、学校における道徳教育の充実が求められた。

　そのため、従来からの全面主義の道徳教育を維持しながらも、各教科、特別教育活動及び学校行事等との密接な連携を図るために小・中学校において「道徳の時間」の特設が提案された。その目的は、学校の教育活動全体で行われている道徳教育を、道徳の時間に「補充・深化・統合」させることであった。その具体的目標は以下の4点である。

　①日常生活の基本的な行動様式を理解し、これを身につけるように導く。

　②道徳的心情を高め、正邪善悪を判断する能力を養うように導く。

　③個性の伸長を助け、創造的な生活態度を確立するように導く。

　④民主的な国家・社会の成員として必要な道徳的態度と実践的意欲を高めるように導く。

　このような具体的目標を掲げ、さらに道徳教育の目標を達成させるための指導を要する項目を「内容項目」として、小学校では36項目、中学校では21

項目が設定された。

　この昭和33年版の学習指導要領以来今日まで、学校の教育活動全体で行われる道徳教育と特設された「道徳の時間」の道徳教育との連関関係は基本的には変わっていない。ただ内容は、時代の変化に合わせて変更がなされてきた。以下、小・中学校における道徳教育の変遷を簡単にまとめておこう。

6　学習指導要領の改訂に伴う道徳教育の変遷

　昭和43年（1968）から翌年にかけて、10年ぶりに学習指導要領が改訂されるが、特徴的なのは教育課程が、各教科、道徳、特別活動に変えられたことである。道徳教育に関しては前回の目標を継承しながらも、教育基本法の第1条で強調された「人格の完成」との対比として、道徳的人格特性として「道徳性」の育成が明記された。内容項目は、小学校が32項目、中学校が13項目に整理統合された。

　昭和52年（1977）の改訂では、「落ちこぼれ」や「校内暴力」等の教育荒廃が教育現場で問題になっていたことを受けて、道徳の時間の重要性が指摘された。そのために小学校の道徳目標には「道徳的実践力の育成」が明記され、中学校では「道徳的実践力」と「人間の生き方」に対する自覚が強調された。内容項目も整理統合され、小学校では28項目、中学校では16項目になった。

　いじめや不登校問題への対応がせまられた平成元年（1989）年の改訂では、従来から目標になっていた「人間尊重の精神」と共に、その精神を一層深化させるため「生命に対する畏敬の念」が重視された。そのため小・中学校の道徳教育の内容に以下の4つの視点、すなわち①主として自分自身に関すること、②主として他の人とのかかわりに関すること、③主として自然や崇高なものとのかかわりに関すること、④主として集団や社会とのかかわりに関すること、が設定された。さらに、これらの視点に基づいて小学校から中学校までの内容項目に一貫性を持たせる構成が図られた。

　平成10年（1998）の改訂で注目されるのは、道徳教育の目標が「総則」に明記されたことである。総則では、「学校教育における道徳教育が、道徳の時間を要として学校の教育活動全体を通じて行うもの」とされ、道徳の時間だけではなく、各教科、総合的な学習の時間及び特別活動との有機的な連携がより一層求められた。さらに道徳の目標としては道徳性を育成する構成要素として「道徳的な心情、判断力、実践意欲と態度」が強調されると共に、「道徳的価値」の自覚を深めることが付け加えられ、価値多元化時代に対応できる児童生徒の自己判断力の育成が求められた。

7　平成20年の学習指導要領における道徳教育

　平成18年（2006）12月におよそ59年ぶりに教育基本法が改正されたが、平成20年の学習指導要領の道徳教育の内容には、この改正の影響が色濃く出ているといってよい。改正された教育基本法では、第2条（教育の目標）の1項で「ゆたかな情操と道徳心」を培うことが規定され、2項では「自主及び自律の精神」の育成が指摘され、3項では「正義と責任」や「公共の精神」の重要性と、4項では生命尊重と自然や環境の保護の重要性が規定され、5項では「伝統と文化」の尊重、他国の尊重や国際社会の平和と発展への寄与が謳われている。こうした目標が設定されたことにより、小・中学校の学習指導要領の総則でも人間尊重の精神や生命に対する畏敬の念、伝統と文化の尊重、それらを育んできた我が国と郷土を愛すること、さらには公共の精神の尊重、他国の尊重と国際社会や環境保全に対する貢献が求められている。また今回の改正で注目されるのは、高等学校でも人間としての成長と道徳性を育むことを目指した教育活動の充実が求められていることである。

　このように平成20年度の学習指導要領改訂では、教育基本法の目標と連動した形で、道徳教育のより一層の充実と改善が求められているが、その実施体制に関しては従来よりもさらに一歩踏み込んだ点がある。それが「道徳教育推進教師」を中心とした推進体制づくりと各学校により実効性のある全体

計画の作成、さらには授業公開の促進を求めたことである。

8 道徳教育の教科化

　道徳の時間を教科に格上げすることは、戦後の教育政策においては、一種のタブーであった。それはすでに論究したように戦前の教科「修身科」へのアレルギーが、戦後すぐの時期には道徳教育そのものへの否定的な評価として顕在化したし、道徳の時間の設置に対しても大きな政治的な動きになって現れたからである。このような一連のアレルギー反応が、道徳の教科化を阻んできたといってもよいだろう。

　道徳教育をめぐるこうした論議に変化の兆しが見えたのが、平成９年（1997）の神戸連続児童殺傷事件や平成11年（1999）の栃木女性教師刺殺事件などの少年犯罪の社会問題化であった。こうした諸事件が、『心のノート』（平成９年）の配布をはじめとする生命尊重の指導を重視する道徳教育の流れを生み出した。

　その後、道徳の教科化の動きは、平成19年（2007）の第１次安倍内閣の教育再生会議で一度取り上げられ、教科「徳育」として議論の俎上に上ったが、最終的には見送られた。

　ところが平成23年（2011）に起こった大津中二いじめ自殺事件を契機に、道徳の教科化への動きが再び始まった。平成25年（2013）の第２次安倍内閣で創設された教育再生実行会議は、２月26日に第一次提言を提案し、いじめ問題への対応に向けた道徳教育の充実を掲げ、道徳を教科化する提案がなされたことで流れは一気に加速した。同年12月26日には、文部科学省の有識者会議「道徳教育の充実に関する懇談会」で「今後の道徳教育の改善・充実方策について」という報告書がまとめられ、小・中学校の道徳の時間を正式に教科にする旨の提案が出されることになった。

　この有識者会議の報告書の提言もあって、平成26年（2014）10月21日の中教審答申「道徳に係る教育課程の改善等について」で、道徳の時間は「特別

の教科　道徳」（以下、道徳科）として教科化されることになる。この答申で
は、学習指導要領における道徳教育の目標を捉え直し、教育内容の明確化と
体系化を図り、道徳教育の改善と充実を行うために、次の５つの必要事項が
提示された。①指導方法の工夫、②児童生徒に対する適切な評価のあり方、
③検定教科書の導入、④教員の指導力向上の施策、⑤学校・家庭・地域との
連携強化のあり方。

　このような答申を受けて平成27年（2015）３月27日には、学校教育法施行
規則の改正に基づき、小・中学校、特別支援学校の学習指導要領の一部改正
が告示され、道徳科が正式に教科になった。

　その後、新学習指導要領が平成29年（2017）３月31日に公示されたが、道
徳科の内容は、基本的には一部改正の学習指導要領を踏襲している。内容の
特徴は、問題解決的な学習や体験的な学習の導入であり、「考え、議論し続
ける道徳」を目指すものである。そのため、従来の道徳授業に見られた「道
徳の内容項目を教えるだけの授業」、「道徳教材に登場する人物の心情分析だ
けの授業」、「単なる体験だけの授業」からの脱却が強く求められた。

　そして同年６月には、小・中学校の学習指導要領解説編が公表されたが、
その中で道徳授業の指導の際に特に配慮すべき事項として次の７つ提示され
た。①道徳教育推進教師を中心とした指導体制、②道徳科の特性を生かした
計画的・発展的な指導、③児童（生徒）が主体的に道徳性を養う（育む）た
めの指導、④多様な考え方を生かすための言語活動、⑤問題解決的な学習な
ど多様な方法を取り入れた指導、⑥情報モラルと現代的な課題に関する指導、
⑦家庭や地域社会との連携による指導。

　これらの事項の中で注目されるのは、④と⑤である。④の言語活動では、
話し合いによる「協同的議論」と自らの考えを「表現する機会」の確保が重
視されており、討議型の道徳授業の必要性が強調されている。⑤には内容項
目を教え込むだけの授業から、多面的・多角的に考えながら問題解決的な授
業への転換を求めている。さらに、従来の座学的な授業ではなく、即興的に

演技して考える「役割演技」など疑似体験的な表現活動の充実も求めている。そして、この様な道徳科の全面実施は、小学校では平成30年（2018）4月から、中学校では平成31年（2019）4月から行われている。

　以上論究してきたように道徳科は、従来の道徳教育に対するイメージを根本から変えるような教育内容になっている。今後道徳科では、児童生徒だけではなく教師も深く関わりながら「考え、議論する道徳」を行っていく必要があるだろう。その意味では、学習指導要領の他の教科でも指摘されているような「主体的・対話的な深い学び」が、道徳科でも求められているのである。そのため、次の頁以降の付論（63〜70頁）のようなカリキュラム・マネジメント的な視点から道徳科が他教科と横断的連携していくことがこれからは重視されてくるだろう。

　今後教育現場では、様々なタイプの先進的な授業実践の試みと、そうした実践の有効性を理論的に検証していくことが求められている。

参考・引用文献
　小川哲哉他著『日本の教育の歴史を知る』青簡舎、2012年。
　貝塚茂樹監修『戦後道徳教育文献資料集（第Ⅰ〜Ⅲ期）』日本図書センター、2004年。
　片上宗二『日本社会科成立史研究』風間書房、1993年。
　唐沢富太郎『教科書の歴史─教科書と日本人の形成』創文社、1956年。
　国立教育研究所編『日本近代教育百年史（1）〜（6）』文唱堂、1973〜74年。
　日本経済新聞（2013年11月23日付朝刊）
　林忠幸・押谷由夫編『道徳教育の基礎と展開』コレール社、1998年。
　林忠幸・堺正之編『道徳教育の新しい展開』東信堂、2009年。
　宮田丈夫編『道徳教育資料集成（1）〜（3）』第一法規、1960年。
　渡邉満・山口圭介・山口意友編著『新教科「道徳」の理論と実践』玉川大学出版部、2017年。
　各種答申や小・中学校及び高等学校の『学習指導要領』は文部科学省HPを参照した。

付　論　徳育を中心においたカリキュラム・
マネジメントのあり方

1　問題の所在

　学習指導要領で強く求められているのは、社会の変化に対応できる子ども
たちに必要な「資質・能力」を明確にし、それを育成するために教科等の枠
組みを越えた横断的視点から学校教育を組織的にマネジメント（運営）して
いくことである。これが「カリキュラム・マネジメント」と呼ばれるもので
ある。

　教育課程編成において、カリキュラム・マネジメントの必要性が明記され
たのは、平成28年（2016）12月21日に出された「学習指導要領の一部改正に
伴う小学校、中学校及び特別支援学校小学部・中学部における児童生徒の学
習評価及び指導要録の改善等について」（答申）である。この答申において、
カリキュラム・マネジメントは以下の三つの側面からその重要性が指摘され
ている。

①各教科等の教育内容を相互の関係で捉え、学校の教育目標を踏まえた教
　科等横断的な視点で、その目標の達成に必要な教育の内容を組織的に配
　列していくこと。

②教育内容の質の向上に向けて、子供たちの姿や地域の現状等に関する調
　査や各種データ等に基づき、教育課程を編成し、実施し、評価して改善
　を図る一連のPDCAサイクルを確立すること。

③教育内容と、教育活動に必要な人的・物的資源等を、地域等の外部の資
　源を含めて活用しながら効果的に組み合わせること。

こうしたカリキュラム・マネジメントを行う一方法として考えられるのが、

道徳教育を中心にした教科横断的な教育活動である。というのも道徳教育は、学校の教育活動全体で行われ、道徳科がその「要」の役割を担っており、「特別の教科　道徳」（以下、道徳科）を主軸においた教育課程編成は、カリキュラム・マネジメントの一方法として有効性が高いと思われるからだ。

　以上の諸点を考慮に入れて、ここでは道徳教育と教科等との関連性を意識した授業方法の事例を二つ紹介したい。

2　小6の道徳教材「タマゾン川」を活用した事例

　まず最初に紹介するのは、道徳科と国語科や理科、さらには特別活動と横断的に関連づけた事例である。道徳科の教材としては、小6の教材「タマゾン川」（『新しい道徳6』東京書籍、平成29年3月2日検定済）を取り上げる。この教材の内容項目は、「D－（20）自然の偉大さを知り、自然環境を大切にすること（自然愛護）」であるが、カリキュラム・マネジメントの到達目標としては「自然愛護の精神を培い、自然保全のための活動に積極的に関われる資質・能力」の育成が考えられよう。授業方法は以下のようになる。

　(1)　考え議論し続ける道徳授業

　教材「タマゾン川」を使って考え議論し続ける授業を行う際に重要なのは、以下の4点である。

　①多摩川には、今やタマゾン川と呼ばれるほど外来種が多くなっている。

　②タマゾン川の問題はもはや正常な生態系が維持されていない環境問題である。

　③この環境問題の原因は、ペットを捨てる人間の身勝手で無責任な行動である。

　④この環境問題を解決していくために我々はどのような行動をすればいいか。

　以上の4つの項目を問題解決学習として学んでいくには、例えば以下のような授業方法が考えられる。まず児童に①の事実が分かる文章までを読ませ、

生態系破壊の原因が外来種であることに気づかせる。その際に道徳科のデジタル教科書の画像や動画の有効活用も行いたい。さらに外来種がもたらす生態系への悪影響を気づかせ、発表させる。そしてその悪影響の原因が、人間の身勝手で無責任な行動であることを理解させ、その道徳的意味を考えさせる。最後に④の解決に向けた行動のあり方を、グループで討議させる。

（2）国語科との横断的関連づけ

道徳科の教材「タマゾン川」との関連づけができる国語科の教材としては、小6の「イースター島にはなぜ森林がないのか」（東京書籍、平成27年度版）があげられる。一見すると両教材には関連性がないように見えるし、国語科として学習目標は、説明文に書かれている事実と意見の関係に注意して、筆者の考えや論の進め方を理解することである。

ただ授業を通じて子どもたちが、イースター島に森林がない理由は、人間の上陸と生活が大規模な森林伐採を生み出し、それが島の生態系の変容をもたらしたことに気づいたら、教材「タマゾン川」との関連性を考えさせる授業展開が可能となる。両教材に共通に見出だせるのは人間の身勝手な行動が自然破壊を生み出している事実である。

（3）理科との横断的関連づけ

小6の理科「11地球に生きる」（東京書籍：平成27年度版）の授業では、アマゾン川周辺の豊かな自然や生きものを科学的に学ぶことで、道徳教材「タマゾン川」の学習をより深めることができる。ここでは道徳科のデジタル教科書の画像や動画を再度使うことも効果的である。そしてこの理科の授業で、アマゾン川の生きものたちが多摩川に生息していることの問題点をあらためて考えさせたい。このような授業展開によって、自然愛護や自然保全を理解する子どもたちの資質・能力の向上が見込まれる。

（4）特別活動による具体的行動への展開

道徳科、国語科、理科が相互に関連づけられた学習活動を、自然愛護や自然保全のための具体的な行動に直結する特別活動へと展開させることは重要

である。しかもこうした諸活動は、単に学校単位だけでなく、地域社会の協力と連携をもたらす活動へと発展させることもできる。さらにネットを活用したグローバルな視点からの学習活動も可能であろう。いずれにしても教科による学習を、単に知識理解に終わらせるのではなく、むしろ積極的な行動へ発展させていくことは重要である。

3　小6の道徳教材「白神山地」を活用した事例

　次に紹介したいのは、社会科と連携した事例である。これまで教育現場では、道徳と社会科との連携が特に意識されて行われてきたことはないと言ってよいだろう。そもそも両者には、独自な教育目標があり、育成されるべき資質・能力にも大きな違いがある。

　しかしながら、カリキュラム・マネジメントの視点から見ていくと、両者には意外なほど共通点が見られる。特に教材や単元の側面から見ていくと、共通したテーマで作成された数多くの教材や単元があることに気づかされる。その意味で道徳と社会科は、カリキュラム・マネジメントの「宝庫」と見なすこともできるように思われる。道徳科の授業方法は以下の通りである。

　（1）地図を活用した問題解決的な道徳授業方法

　ここで取り上げる道徳教材は、小6の「白神山地」（『新しい道徳6』東京書籍、平成29年3月2日検定済）である。この教材は、内容項目の「D－（20）自然愛護」を学習するためには格好の教材である。学習者は、地域住民の大規模な環境保全活動を知り、地域の自然を守る大切さを学ぶことになる。

　ただ従来の授業とは違う「考え、議論する道徳授業」を行うためには、「どうして環境保全が重要なのか」という問いを、問題解決学習的に学んでいく授業スタイルが求められる。

　①まず白神山地付近の地図を使って「青秋林道」は、青森県と秋田県の県境で不自然に途切れていることに気づかせ、道路が途切れていることが両県の往来を不便にしている点を考えさせる（途切れた道路が示されてい

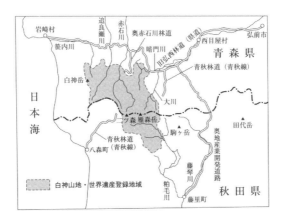

白神山地付近の地図

（『小学校　道徳6　明日を目指して　教師用指導書』東京書籍、平成29年、106頁）

る地図の不自然さへの「気づき」）。

②1981年に計画された青秋林道は、当初は全線開通する予定であり、完成
　すれば伐採したブナの輸送や流通の利便性向上等によって大きな経済効
　果が見込めたことを理解させる。

③しかし林道計画線の間には「白神山地」があり、その豊かな自然がもた
　らす様々な恩恵は、はかり知れない効果を生み出していることに地域住
　民たちは気づいていた（経済効果よりも自然の営みの方が重要）。

④さらに気づいてほしいのは、自然愛護の大切さと同時に、自然はただ愛
　護するだけではなく、自然の営みを考え、常に自然を再生し続けていく
　保全活動（32頁13行〜33頁5行目）の重要性についてである。

　この授業では、まず子どもたちに①と②で「経済効果を優先すること」の
メリットを考えさせながらも、③では経済効果よりも「自然の営みの大切
さ」の方が重要である点に気づかせたい。さらに④では、人間の生活を維持
しながらも、よりよき環境保全のための努力がいかに重要かを理解させたい。

　こうした授業の意図が、子どもたちにしっかりと受け取られると、「目先

のことに流されず、今、自分の地域のよさをどう守っていくか考えていくことは、きっと地球のためにもよいはずである」（33頁：最後の3行）という文章の本当の意味が子どもたちにも理解できるようになるだろう。

　(2)　社会科の教材と連携した学習活動

　道徳教材「白神山地」と連携した授業展開を可能にする社会科の単元としては、小6の「環境問題の解決に向けて」（『新編　新しい社会6下』東京書籍、平成26年検定、98-99頁）があげられよう。

　この単元でのねらいは、子どもたちに豊かな「人間生活」と自然の「環境保全」のバランスを考えながら「持続可能な社会」を実現させるため、どのような「持続発展教育（ESD）」が必要となるかである。そのためには、人間が生活しながらも、自然環境を再生していくことが求められる。教科書では、そうした取り組みを行っている気仙沼のユネスコ・スクールの小学校の事例が紹介されている。

　実は教材「白神山地」で展開されている地域住民たちの活動は、まさにESD活動との親近性が強いし、その種の活動の精神的源泉が見いだせるように思う。そのため、こうした道徳教材を学んだ上で、社会科で環境問題を学習していけば、環境保全活動に対する理解が、単なる知識や情報にとどまらない深い学びになるように思われる。社会科の学習活動の場合は、授業によっては知識や情報の量的拡大に陥ってしまうこともあり得る。そうした事態を回避するためも、道徳教材と連携した学習活動は大きな可能性が秘めているように思われる。

　社会科の教科書では、環境問題の解決策が、国際的視点から地域の環境保全活動への流れで説明されているが、教材「白神山地」では、地域住民の地道な環境保全活動が、やがて地球規模の環境問題解決にも結びつくことが指摘されている。

　今回のような道徳と社会科とが連携した学習活動は、子どもたちにはグローバルな問題とローカルな問題が有機的に結びついた「グローカルな問題」

として学んでいくことができるだろう。さらに、こうした学習活動の成果を生かしていくためには、学校、家庭、地域社会が連携して、「自然愛護」と「自然再生」の取り組みにも積極的に関わることが重要であろう。

4　結語的考察

　以上紹介したように、二つの事例とも道徳科の授業の興味関心が、他教科等の授業へと継続して発展していることが分かる。二つの教材とも内容項目は、自然愛護や自然保全であるが、そうした内容項目の学びが、他教科の学習活動を通して広がりと深まりを見せているように思う。しかもどちらの教材も問題解決的な学習活動になっている点に注意したい。

　従来から自然愛護や自然保全に対する教育活動が、教科や特別活動でも行われていたことは言うまでもない。しかしそのような教育活動は、必ずしもカリキュラム・マネジメントを意識して行われていたわけではない。確かに個々の教科や特別活動で個別の成果が出されたであろうが、それらの成果が、子どもたちの資質・能力の向上にどのように寄与したのかを確認するには至らなかったのではないだろうか。道徳科を主軸においたカリキュラムは、こうした教育課題の具体的方策の一つとして有効なものであるように思う。

　ただ、このようなカリキュラム・マネジメントを意識した教科横断的な学習活動に、道徳科が連携できるのも、道徳科が「考え、議論し続ける道徳」へと発展的に転換していることが大きいといえるだろう。今後は道徳的規範を教え込むスタイルや、模範的モデルを提示するだけの教育方法ではなく、個々の子どもが多様な価値観と触れ合い、充実した話し合い活動を通して問題解決的な学習を進めていく中で、多様な教科等との連携を積極的に進めていく教育方法が求められる。

参考・引用文献

　文部科学省「学習指導要領の一部改正に伴う小学校、中学校及び特別支援学校小学

部・中学部における児童生徒の学習評価及び指導要録の改善等について」（答申）
2016年12月21日。

『新しい道徳6』東京書籍、2017年3月2日検定済。

『新しい道徳6　教師用指導書研究編』東京書籍、2017年。

『新版　新しい国語六』東京書籍、2015年。

『新版　新しい社会6　下』東京書籍、2015年。

『新版　新しい理科6』東京書籍、2015年。

「考え、議論する道徳」を実現する会編『「考え、議論する道徳」を実現する！　主
体的・対話的で深い学びの視点から』図書文化社、2017年。

第 2 部

徳の〈学び〉の実践

第5章　主体的・対話的な〈学び〉の教育実践①—多様な討議活動の方法—

　価値の多元化が広範囲に拡大している今日においては、価値伝達の教育だけではなく、価値創造型の徳育が重要になってきている。そうした学びの重要性は、第3章でハーバーマスのディスクルス授業を論究することによって確認したが、ここでは第6章で紹介するディスクルス授業用教材の教育的意義を明らかにするため、様々な種類の討議型教材を紹介したい。どの教材にも共通するのは、授業に参加する生徒たちが「話し合い活動」を積極的に行えるテーマや素材が織り込まれていることと、討議を誘発するジレンマ的テーマが設定されていることである。

　最初の教材「責任と義務とは何か」は、典型的なモラルジレンマ教材である。この教材ではツアーバスに参加した乗客Bが求めた損害賠償の訴えの妥当性をめぐる話し合い活動を行なうことになるが、最終的な判断は個人に委ねられるオープンエンドの討議となる。

　二つ目の教材は、モラルジレンマ教材の話し合い活動をさらに一歩進めて、裁判形式の討議を取り上げたものである。模擬裁判の話し合い活動は、モラルジレンマとは違って、最終的には「判決」という形で結論が出るものであり、その意味ではオープンエンドの話し合いにはならない。教材としてあえて文学作品を取り上げたのは、優れた文学作品には質の高い「構成力」と「表現力」があり、それが模擬裁判に参加する個々人の「自我関与」を容易にするからである。

　三つ目の教材は、ディベート教材である。周知のごとくディベートは、設定されたテーマに対して異なる立場に分かれて議論するもので、その点では

モラルジレンマや裁判の議論と似ているが、一般的なディスカッションとは違って、説得力や論理性を競い合うので、勝ち負けの話し合い活動の要素が強い。その意味ではモラルジレンマよりも裁判の議論に近いものであろう。

【モラルジレンマ教材：責任と義務とは何か】

　ツアーバスの運転手Ａは、運転歴20年のベテランである。彼はいつものように出発前にシートベルトの装着等の諸注意を放送した上で、旅行ツアー客50名を乗せて目的地に向かった。前日の彼の健康状態は良好であり、朝食は家で済ませていた。

　ところが１時間もすると腹痛に悩まされていった。高速道路のパーキングエリアに臨時停車することも可能だったがスケジュールが少し遅れ気味だったので我慢した。やがてバスは一般道に入り、目的地の山荘につながる狭い一本道に入った。しかし腹痛はさらにひどくなり、やがて意識がもうろうとしてきた。

　気がつくと目の前を絶滅の危機に瀕しており、見つけることが極めて困難な希少動物の親子が横切ろうとした。その動物は保護指定がなされており、ひき殺すと処罰を受ける。そのため彼はもうろうとした意識の中でとっさに急ブレーキをかけた。ところが締めるべきシートベルトをしていなかった乗客Ｂが転げ落ちてけがをしてしまった。

　乗客Ｂは、動物の命より、乗客の安全を優先すべきだと主張して、運転手Ａと彼の会社に対して法外な損害賠償を求めた。

　ただツアーの規定では全ての乗客がバスに乗る際にシートベルト等の装着を義務づけているし、事前にツアー規定書も配布しているので、運転手Ａも会社としても、そのような法外な賠償金を払う必要がないと反論した。

　しかし乗客Ｂは、毎朝健康診断を行わない会社の責任、さらに注意書のアナウンスを繰り返さず、急ブレーキをかけた運転手Ａの過失は重大であると主張して譲らなかった。

〈質問〉　乗客Ｂは、このけがの原因が運転者Ａと会社にあるとして損害賠償を求める訴えを裁判所に起こした。あなたは乗客Ｂの行為をどう思いますか。賛成・反対のどちらかに〇をつけ、その理由をなるべく詳しく書いてください。

〈賛成・反対〉

その理由：

【模擬裁判教材：羅生門】

　ある日の暮方のことである。一人の下人が、羅生門の下で雨やみを待っていた。

　広い門の下には、この男のほかに誰もいない。ただ、所々丹塗の剥げた、大きな円柱に、蟋蟀が一匹とまっている。羅生門が、朱雀大路にある以上は、この男のほかにも、雨やみをする市女笠や揉烏帽子が、もう二三人はありそうなものである。それが、この男のほかには誰もいない。

　何故かと云うと、この二三年、京都には、地震とか辻風とか火事とか饑饉とか云う災がつづいて起った。そこで洛中のさびれ方は一通りではない。旧記によると、仏像や仏具を打砕いて、その丹がついたり、金銀の箔がついたりした木を、路ばたにつみ重ねて、薪の料に売っていたと云うことである。洛中がその始末であるから、羅生門の修理などは、元より誰も捨てて顧みる者がなかった。するとその荒れ果てたのをよいことにして、狐狸が棲む。盗人が棲む。とうとうしまいには、引取り手のない死人を、この門へ持って来て、棄てて行くと云う習慣さえ出来た。そこで、日の目が見えなくなると、誰でも気味を悪るがって、この門の近所へは足ぶみをしないことになってし

75

まったのである。

　その代りまた鴉がどこからか、たくさん集って来た。昼間見ると、その鴉が何羽となく輪を描いて、高い鴟尾のまわりを啼きながら、飛びまわっている。ことに門の上の空が、夕焼けであかくなる時には、それが胡麻をまいたようにはっきり見えた。鴉は、勿論、門の上にある死人の肉を、啄みに来るのである。——もっとも今日は、刻限が遅いせいか、一羽も見えない。ただ、所々、崩れかかった、そうしてその崩れ目に長い草のはえた石段の上に、鴉の糞が、点々と白くこびりついているのが見える。下人は七段ある石段の一番上の段に、洗いざらした紺の襖の尻を据えて、右の頬に出来た、大きな面皰を気にしながら、ぼんやり、雨のふるのを眺めていた。

　作者はさっき、「下人が雨やみを待っていた」と書いた。しかし、下人は雨がやんでも、格別どうしようと云う当てはない。ふだんなら、勿論、主人の家へ帰るべきはずである。所がその主人からは、四、五日前に暇を出された。前にも書いたように、当時京都の町は一通りならず衰微していた。今この下人が、永年、使われていた主人から、暇を出されたのも、実はこの衰微の小さな余波にほかならない。だから「下人が雨やみを待っていた」と云うよりも「雨にふりこめられた下人が、行き所がなくて、途方にくれていた」と云う方が、適当である。その上、今日の空模様も少からず、この平安朝の下人の Sentimentalisme に影響した。申の刻下りからふり出した雨は、いまだに上るけしきがない。そこで、下人は、何をおいても差当り明日の暮しをどうにかしようとして——云わばどうにもならないことを、どうにかしようとして、とりとめもない考えをたどりながら、さっきから朱雀大路にふる雨の音を、聞くともなく聞いていたのである。

　雨は、羅生門をつつんで、遠くから、ざあっと云う音をあつめて来る。夕闇は次第に空を低くして、見上げると、門の屋根が、斜につき出した甍の先に、重たくうす暗い雲を支えている。

　どうにもならないことを、どうにかするためには、手段を選んでいる遑は

ない。選んでいれば、築土の下か、道ばたの土の上で、饑死をするばかりである。そうして、この門の上へ持って来て、犬のように棄てられてしまうばかりである。選ばないとすれば──下人の考えは、何度も同じ道を低徊した揚句に、やっとこの局所へ逢着した。しかしこの「すれば」は、いつまでたっても、結局「すれば」であった。下人は、手段を選ばないということを肯定しながらも、この「すれば」のかたをつけるために、当然、その後に来るべき「盗人になるよりほかに仕方がない」と云うことを、積極的に肯定するだけの、勇気が出ずにいたのである。

　下人は、大きな嚏をして、それから、大儀そうに立上った。夕冷えのする京都は、もう火桶が欲しいほどの寒さである。風は門の柱と柱との間を、夕闇と共に遠慮なく、吹きぬける。丹塗の柱にとまっていた蟋蟀も、もうどこかへ行ってしまった。

　下人は、頸をちぢめながら、山吹の汗衫に重ねた、紺の襖の肩を高くして門のまわりを見まわした。雨風の患のない、人目にかかる惧のない、一晩楽にねられそうな所があれば、そこでともかくも、夜を明かそうと思ったからである。すると、幸い門の上の楼へ上る、幅の広い、これも丹を塗った梯子が眼についた。上なら、人がいたにしても、どうせ死人ばかりである。下人はそこで、腰にさげた聖柄の太刀が鞘走らないように気をつけながら、藁草履をはいた足を、その梯子の一番下の段へふみかけた。

　それから、何分かの後である。羅生門の楼の上へ出る、幅の広い梯子の中段に、一人の男が、猫のように身をちぢめて、息を殺しながら、上の容子を窺っていた。楼の上からさす火の光が、かすかに、その男の右の頬をぬらしている。短い鬚の中に、赤く膿を持った面皰のある頬である。下人は、始めから、この上にいる者は、死人ばかりだと高を括っていた。それが、梯子を二三段上って見ると、上では誰か火をとぼして、しかもその火をそこここと動かしているらしい。これは、その濁った、黄いろい光が、隅々に蜘蛛の巣をかけた天井裏に、揺れながら映ったので、すぐにそれと知れたのである。

この雨の夜に、この羅生門の上で、火をともしているからは、どうせ唯の者ではない。

　下人は、守宮のように足音をぬすんで、やっと急な梯子を、一番上の段まで這うようにして上りつめた。そうして体を出来るだけ、平にしながら、頸を出来るだけ、前へ出して、恐る恐る、楼の内を覗いて見た。

　見ると、楼の内には、噂に聞いた通り、幾つかの死骸が、無造作に棄ててあるが、火の光の及ぶ範囲が、思ったより狭いので、数は幾つともわからない。ただ、おぼろげながら、知れるのは、その中に裸の死骸と、着物を着た死骸とがあるということである。勿論、中には女も男もまじっているらしい。そうして、その死骸は皆、それが、かつて、生きていた人間だと云う事実さえ疑われるほど、土を捏ねて造った人形のように、口を開いたり手を延ばしたりして、ごろごろ床の上にころがっていた。しかも、肩とか胸とかの高くなっている部分に、ぼんやりした火の光をうけて、低くなっている部分の影を一層暗くしながら、永久に唖の如く黙っていた。

　下人は、それらの死骸の腐爛した臭気に思わず、鼻を掩った。しかし、その手は、次の瞬間には、もう鼻を掩うことを忘れていた。ある強い感情が、ほとんどことごとくこの男の嗅覚を奪ってしまったからだ。

　下人の眼は、その時、はじめてその死骸の中に蹲っている人間を見た。檜皮色の着物を着た、背の低い、痩せた、白髪頭の、猿のような老婆である。その老婆は、右の手に火をともした松の木片を持って、その死骸の一つの顔を覗きこむように眺めていた。髪の毛の長い所を見ると、多分女の死骸であろう。

　下人は、六分の恐怖と四分の好奇心とに動かされて、暫時は呼吸をするのさえ忘れていた。旧記の記者の語を借りれば、「頭身の毛も太る」ように感じたのである。すると老婆は、松の木片を、床板の間に挿して、それから、今まで眺めていた死骸の首に両手をかけると、丁度、猿の親が猿の子の虱をとるように、その長い髪の毛を一本ずつ抜きはじめた。髪は手に従って抜け

るらしい。

　その髪の毛が、一本ずつ抜けるのに従って、下人の心からは、恐怖が少しずつ消えて行った。そうして、それと同時に、この老婆に対するはげしい憎悪が、少しずつ動いて来た。──いや、この老婆に対すると云っては、語弊があるかも知れない。むしろ、あらゆる悪に対する反感が、一分毎に強さを増して来たのである。この時、誰かがこの下人に、さっき門の下でこの男が考えていた、饑死をするか盗人になるかと云う問題を、改めて持出したら、恐らく下人は、何の未練もなく、饑死を選んだことであろう。それほど、この男の悪を憎む心は、老婆の床に挿した松の木片のように、勢いよく燃え上り出していたのである。

　下人には、勿論、何故老婆が死人の髪の毛を抜くかわからなかった。従って、合理的には、それを善悪のいずれに片づけてよいか知らなかった。しかし下人にとっては、この雨の夜に、この羅生門の上で、死人の髪の毛を抜くと云うことが、それだけで既に許すべからざる悪であった。勿論、下人は、さっきまで自分が、盗人になる気でいたことなぞは、とうに忘れていたのである。

　そこで、下人は、両足に力を入れて、いきなり、梯子から上へ飛び上った。そうして聖柄の太刀に手をかけながら、大股に老婆の前へ歩みよった。老婆が驚いたのは云うまでもない。

　老婆は、一目下人を見ると、まるで弩（いしゆみ）にでも弾かれたように、飛び上った。

「おのれ、どこへ行く。」

　下人は、老婆が死骸につまずきながら、慌てふためいて逃げようとする行手を塞（ふさ）いで、こう罵（のの し）った。老婆は、それでも下人をつきのけて行こうとする。下人はまた、それを行かすまいとして、押しもどす。二人は死骸の中で、しばらく、無言のまま、つかみ合った。しかし勝敗は、はじめからわかっている。下人はとうとう、老婆の腕をつかんで、無理にそこへじ倒した。丁度、鶏（にわとり）の脚（あし）のような、骨と皮ばかりの腕である。

「何をしていた。云え。云わぬと、これだぞよ。」

　下人は、老婆をつき放すと、いきなり、太刀の鞘を払って、白い鋼の色をその眼の前へつきつけた。けれども、老婆は黙っている。両手をわなわなふるわせて、肩で息を切りながら、眼を、眼球が眶（まぶた）の外へ出そうになるほど、見開いて、唖のように執拗（しゅうね）く黙っている。これを見ると、下人は始めて明白にこの老婆の生死が、全然、自分の意志に支配されていると云うことを意識した。そうしてこの意識は、今までけわしく燃えていた憎悪の心を、いつの間にか冷ましてしまった。後に残ったのは、ただ、ある仕事をして、それが円満に成就した時の、安らかな得意と満足とがあるばかりである。そこで、下人は、老婆を見下しながら、少し声を柔らげてこう云った。

　「己は検非違使（けびいし）の庁の役人などではない。今し方この門の下を通りかかった旅の者だ。だからお前に縄をかけて、どうしようと云うようなことはない。ただ、今時分この門の上で、何をして居たのだか、それを己に話しさえすればいいのだ。」

　すると、老婆は、見開いていた眼を、一層大きくして、じっとその下人の顔を見守った。眶の赤くなった、肉食鳥のような、鋭い眼で見たのである。それから、皺（しわ）で、ほとんど、鼻と一つになった唇を、何か物でも噛んでいるように動かした。細い喉で、尖った喉仏（のどぼとけ）の動いているのが見える。その時、その喉から、鴉の啼くような声が、喘ぎ喘ぎ、下人の耳へ伝わって来た。

　「この髪を抜いてな、この髪を抜いてな、鬘（かずら）にしようと思うたのじゃ。」

　下人は、老婆の答が存外、平凡なのに失望した。そうして失望すると同時に、また前の憎悪が、冷やかな侮蔑と一しょに、心の中へはいって来た。すると、その気色が、先方へも通じたのであろう。老婆は、片手に、まだ死骸の頭から奪った長い抜け毛を持ったなり、蟇（ひき）のつぶやくような声で、口ごもりながら、こんなことを云った。

　「成程な、死人の髪の毛を抜くと云うことは、何ぼう悪いことかも知れぬ。じゃが、ここにいる死人どもは、皆、そのくらいなことを、されてもいい人

間ばかりだぞよ。現在、わしが今、髪を抜いた女などはな、蛇を四寸ばかり
ずつに切って干したのを、干魚だと云うて、太刀帯の陣へ売りに往んだわ。
疫病にかかって死ななんだら、今でも売りに往んでいたことであろ。それも
よ、この女の売る干魚は、味がよいと云うて、太刀帯どもが、欠かさず菜
料に買っていたそうな。わしは、この女のしたことが悪いとは思うていぬ。
せねば、饑死をするのじゃて、仕方がなくしたことであろ。されば、今また、
わしのしていたことも悪いこととは思わぬぞよ。これとてもやはりせねば、
饑死をするじゃて、仕方がなくすることじゃわいの。じゃて、その仕方がな
いことを、よく知っていたこの女は、大方わしのすることも大目に見てくれ
るであろ。」

　老婆は、大体こんな意味のことを云った。

　下人は、太刀を鞘におさめて、その太刀の柄を左の手でおさえながら、冷
然として、この話を聞いていた。勿論、右の手では、赤く頰に膿を持った大
きな面皰を気にしながら、聞いているのである。しかし、これを聞いている
中に、下人の心には、ある勇気が生まれて来た。それは、さっき門の下で、
この男には欠けていた勇気である。そうして、またさっきこの門の上へ上っ
て、この老婆を捕えた時の勇気とは、全然、反対な方向に動こうとする勇気
である。下人は、饑死をするか盗人になるかに、迷わなかったばかりではな
い。その時のこの男の心もちから云えば、饑死などと云うことは、ほとんど、
考えることさえ出来ないほど、意識の外に追い出されていた。

　「きっと、そうか。」

　老婆の話が完ると、下人は嘲るような声で念を押した。そうして、一足前
へ出ると、不意に右の手を面皰から離して、老婆の襟上をつかみながら、嚙
みつくようにこう云った。

　「では、己が引剝をしようと恨むまいな。己もそうしなければ、饑死をす
る体なのだ。」

　下人は、すばやく、老婆の着物を剝ぎとった。それから、足にしがみつこ

81

うとする老婆を、手荒く死骸の上へ蹴倒した。梯子の口までは、僅に五歩を数えるばかりである。下人は、剥ぎとった檜皮色の着物をわきにかかえて、またたく間に急な梯子を夜の底へかけ下りた。

　しばらく、死んだように倒れていた老婆が、死骸の中から、その裸の体を起したのは、それから間もなくのことである。老婆はつぶやくような、うめくような声を立てながら、まだ燃えている火の光をたよりに、梯子の口まで、這って行った。そうして、そこから、短い白髪を倒にして、門の下を覗きこんだ。外には、ただ、黒洞々たる夜があるばかりである。

　下人の行方は、誰も知らない。

　　　出典：芥川龍之介『羅生門・鼻・芋粥』角川文庫、2016年、ルビは引用者。

模擬裁判の方法

①趣旨説明

　論理的なコミュニケーション活動を体験する方法として、「模擬裁判」形式の討議活動を行う。教材としては芥川龍之介作『羅生門』を使い、被害者である老婆が、下人を訴える裁判形式のコミュニケーション活動を行う。

　このようなコミュニケーション活動によって、学生には以下のような資質・能力の向上が期待できる。

・グループ活動を通した協働作業によって、裁判という「コミュニケーション場面を創造する能力」。

・弁護側（下人）、検察側（老婆）、証人側（霊魂）に立って、「自己の意見等を論理的に構成する能力」。

・裁判長は、口頭弁論の分析を通して、「討議を総合的に判断する能力」。

②各班の模擬裁判の進め方

・ワークシートに沿った形で模擬裁判を進めていくが、各班の話し合い活動に合わせて適宜アレンジを加えても良い。

・下人、老婆、霊魂役のメンバーは、各自十分に熟慮した口頭弁論を行い、

　それぞれの立場から論理的な主張を展開する。

　・模擬裁判なので、最終的には、裁判長が判決を言い渡すことになる。

③全体会で各班からの意見を聞き、裁判における討議活動を振り返る。

ワークシート

〈裁判長〉

　「皆さん、静粛に、闇に逃亡した下人の、一連の行動について、今回の法廷を開きます。まず検察側から立件の概要を説明してください。」

〈検察官〉

　「はい。検察側の主張といたしましては、今回の被告人である下人の行為は一般的な我々の常識から考えて、許しがたいものであると考えております。では、その理由を今から述べさせていただきます。なお、証拠品といたしまして、聖柄（ヒジリヅカ）の太刀とはぎ取った着物を提出いたします。」

（理由を述べて下人を追い込んでみよう！）

〈裁判長〉

　「検察側の主張に対して、弁護人、何か反論がありますか。」

〈弁護人〉

　「え〜弁護人といたしましては、被告人下人の無罪を主張いたします。その根拠といたしましては」

（理由を述べて下人を弁護してみよう！）

〈検察官〉

　「裁判長。異議あり。」

〈裁判長〉

　「静粛に。異議を却下します。え～、我々としては、双方の意見とは違う観点から今回の件を検証したいと思っています。よって、証人として老婆に髪を抜かれていた女の霊魂の意見を聞こうと思います。検察側、よろしいですね。」

〈検察官〉

　「依存ありません。」

〈弁護人〉

　「依存ありません。」

〈裁判長〉

　「よろしい。では、老婆から。」

〈老婆〉

※老婆の立場：下人の行為に対する意見を述べてみよう。

わしは、

〈裁判長〉

　「では次に女の霊魂どうぞ。」

〈霊魂〉

84

<u>※霊魂の立場：下人の行為に対する意見を述べてみよう。</u>
私は、

〈裁判長〉

　「では、最後に、被告人自身の発言の機会を与えます。被告人、前へ。」

〈下人〉

<u>※下人の立場：自己弁護する意見を述べてみよう。</u>

〈裁判長〉

　「では、判決を言い渡します。主文、被告人は（　無罪　・　有罪　）

理由、被告人の行為は、

〈解　説〉

　本授業の模擬裁判実践の目的は、「裁判とは何か」を学ぶことではなく、「裁判型の討議活動」を通してコミュニケーション能力を向上させることである。その際に教材として『羅生門』を取り上げる理由は、『羅生門』を「文学鑑賞読解」の対象ではなく、「討議活動の一つのツール」と捉えて、あくまでもそのようなツールを活用した多様なコミュニケーション活動の「素材」と見なす点にある。

『羅生門』には、優れた文学作品が有する質の高い「構成力」と「表現力」がある。特に作者には、登場人物たちの心の動きの変容を見事に描く表現力があり、それを理解することを通してレベルの高い討議活動が可能となる。

尚、模擬裁判形式の討議活動を活用して『羅生門』を読み深める授業は、すでに石井純一氏による高校での実験的な試みが進められている。

参考・引用文献
①「国語―3（国語総合）模擬裁判を活用して小説を読み深める事例」（教材「羅生門」芥川龍之介）（文部科学省『言語活動の充実に関する指導事例集〜思考力、判断力、表現力等の育成に向けて【高等学校版】』平成24年6月、29〜30頁。）
②この種の授業に関する実践的研究は以下の通りである。
石井純一・小川哲哉論「討論活動を通した道徳教育の可能性―討論型の国語教育実践の分析から―」（『茨城大学教育実践研究33』2014年、147〜157頁。）

【ディベート教材：部活動と地域貢献】

ＡとＢは、Ｃ高校の野球部員として部活動に熱心に取り組んだ。Ｃ高校は新設なため学校をあげて勉強とスポーツの向上を目指していた。Ａは投手としてＢは捕手としてバッテリーを組んでいた。Ａは投手としての実力があり、そのことはチームのみんなが認めていた。チームは少しずつ力をつけていき、春の地区大会にむけてチームの団結力は強くなっていった。誰もが県大会にいけるよう毎日練習を続けた。監督もＡの実力を信頼していた。地方大会の一回戦、ＡはＢの好リードもあって安定した力を出すことができた。Ｃ高校の野球部はしだいに優勝候補の一つとして認められていった。

そのような野球部に対しては、親たちの期待も大きかったし、地域の人たちも様々な形で協力してくれた。こうした協力のおかげもあってＣ高校の野球部は勝つことができたといってよい。そのため部員たちは、地域の人たちの協力に応えるために空き缶拾いや、老人ホームの訪問など、感謝の気持を伝える活動にも積極的に関わった。特に老人ホームの高齢者との月に一度

の交流会は野球部の重要な行事であり、来週の日曜日には20回目の記念交流会の企画が決まっており、会場の文化会館の予約も入れて、数か月前から準備に余念がなかった。この記念交流会にはＡもＢも重要な役割を担っていた。

　Ａたちの野球部は、地域の人たちの期待どおり、決勝戦にまで勝ち残った。そして次の土曜日がその大切な試合となった。記念交流会には優勝して臨む覚悟で頑張ろうとチームの皆が張り切っていた。ところが、土曜日の決勝戦は緊急の球場施設修理のため、どうしても日曜日に順延せざるを得なくなった。地区の野球連盟の関係者も記念交流会と予定が重なることを避けようと努力したが、球場の日程、県大会の日程等、諸々の理由で決勝戦の変更は困難になった。記念交流会の開催も文化会館の予約変更は困難だった。さらに中には病をおしてもこの交流会で披露する出し物のために練習を続けていた高齢者も多かった。

　高校野球の地方大会と地域の記念交流会のどちらかを中止せざるを得ない状況で、行政関係者、学校関係者、そして野球部の部員たちが緊急の会合が開かれることになった。その会合にはもちろんＡとＢも参加した。

ディベート討論：野球の決勝戦と地域の記念交流会のどちらを優先するべきか討議で対決してみよう

　「野球の決勝戦」を優先すべき立場

〈理由〉

〈反対意見へのコメント〉

「地域の記念交流会」を優先すべき立場

〈理由〉

〈反対意見へのコメント〉

会合での最終判断

第6章 主体的・対話的な〈学び〉の教育 実践②—道徳的判断と合意形成力の育成—

　前章で紹介したように、モラルジレンマ教材、模擬裁判教材、ディベート教材に共通するのは、教材内容そのものに討議活動へと進められるテーマが織り込まれているため、それらの教材を使用することで、論点の明確な話し合い活動が行える点である。

　ただ、それぞれの教材には特徴があり、それが討議活動を行う際のメリットにもなるが、逆にデメリットにもなる。まずモラルジレンマ教材だが、この教材はその内容と構成が対立状況を生み出すジレンマ例話になっており、それによって活発な討議活動を生み出される。ただ、その対立状況はあくまでも個々人の考えや意見が基本であるため、道徳的判断はあくまでも個人レベルの問題で終息してしまう。そのため、討議のあり方によっては、結論の出ない議論へと拡散してしまうこともある。

　模擬裁判教材の重要な点は、討議を行う際の個々人の役割分担が明確なので、各自の役割に合わせた意見表明が可能となる。しかも討議の結論は「判決」として表明されるので、明確な判断が可能となる。しかしながら、道徳的判断が判決という形で結論づけられることの是非の問題があるだろう。そもそも徳育的な教育活動は、本来道徳的価値及びそれに基づいた人間としての在り方生き方の自覚を目指すことであり、判決のような特定の結論を導き出す活動ではない。時には判断が明確に出ないこともあり得る。そのためこのような授業が、徳育的な教育活動として相応しいかどうかは意見が分かれるところであろう。

　ディベート教材については、討議する明確なテーマに対して、賛成か反対

かの立場を明確にした意見交換であるため、相互の論理対決が深まり、議論するスタンスがはっきりする。ただ競技ディベートの場合、適切な討議活動がなされている場合には問題ないが、討議活動の展開のあり方によっては、勝ちを意識した詭弁まがいの話し合い活動に陥る危険性もある。

　このように三つのタイプの教材にはそれぞれに特徴があり、討議活動の目的に応じた適切な活用が求められるが、徳育的な討議活動、特に討議の結論場面でその集団の合意形成を目指す話し合い活動では、いずれの教材にも一長一短がある。そこで注目したいのが、ディスクルス教材である。すでに論究してきたように、この教材はジレンマ例話をベースにしながらも、議論の方向性を大まかに規定しながら、ゆるやかな合意形成を目指す討議活動を可能にする構成になっている。ここではいくつかのディスクルス教材を紹介するが、最初の教材は、モラルジレンマ教材「責任と義務とは何か」をディスクルス版に修正したものである。モラルジレンマ版との違いに注意して頂きたい。

【ディスクルス教材①：責任と義務とは何か（ディスクルス版）】

　ツアーバスの運転手Ａは、運転歴20年のベテランである。彼はいつものように出発前にシートベルトの装着等の諸注意を放送した上で、旅行ツアー客50名を乗せて目的地に向かった。前日の彼の健康状態は良好であり、朝食は家で済ませていた。

　ところが１時間もすると腹痛に悩まされていった。高速道路のパーキングエリアに臨時停車することも可能だったがスケジュールが少し遅れ気味だったので我慢した。やがてバスは一般道に入り、目的地の山荘につながる狭い一本道に入った。しかし腹痛はさらにひどくなり、やがて意識ももうろうとしてきた。

　気がつくと目の前を絶滅の危機に瀕しており、見つけることが極めて困難な希少動物の親子が横切ろうとした。その動物は保護指定がなされており、

ひき殺すと処罰を受ける。そのため彼はもうろうとした意識の中でとっさに急ブレーキをかけた。ところが締めるべきシートベルトをしていなかった乗客Ｂが転げ落ちてけがをしてしまった。

　乗客Ｂは、動物の命より、乗客の安全を優先すべきだと主張して、運転手Ａと彼の会社に対して法外な損害賠償を求めた。

　ただツアーの規定では全ての乗客がバスに乗る際にシートベルト等の装着を義務づけているし、事前にツアー規定書も配布しているので、運転手Ａも会社としても、そのような法外な賠償金を払う必要がないと反論した。

　しかし乗客Ｂは、毎朝健康診断を行わない会社の責任、さらに注意書のアナウンスを繰り返さず、急ブレーキをかけた運転手Ａの過失は重大であると主張して譲らなかった。

・・・・・・・・・・・・・・・・・・・・・・・・・・・・・・・・・・・・

　両者の主張は真っ向から対立してしまったが、乗客Ｂの友人Ｃは、長年にわたり動物愛護団体に関わっており、希少動物の親子の命を守った運転手Ａのとっさの行動は大切なことだと思っていた。そこで友人Ｃは、運転手Ａと彼の会社と話し合った上で、動物愛護の観点から乗客Ｂが納得する解決策を考えようと思った。どのような解決策があるだろうかを考えてみよう。

【話し合い活動のヒント】

　①乗客Ｂがけがをしてしまったのはどのような問題があったからでしょうか。

　②友人Ｃが運転手Ａと彼の会社と話し合おうとすることにはどのような意味があるのかを考えた上で、乗客Ｂとはどのような歩み寄り（合意形成）ができるでしょうか。皆が納得できる合意形成を、動物愛護という

観点から考えてみましょう。

```
┌─────────────────────────────────────────────┐
│                                             │
│                                             │
│                                             │
│                                             │
└─────────────────────────────────────────────┘
```

【ディスクルス教材②：みんなの桜の木】

　A 小学校の桜の木は、30年前の卒業生たちが植林した大切な木である。4月の入学式ごろには桜の花が満開となり、それは素晴らしい光景であった。

　ところが、最近引っ越してきた住宅地の何人かの住民は、桜の枝が自分の家の敷地内に入ってきたり、桜の花びらが大量に庭に落ちてくるので、掃除が大変であるとのクレームを学校側に訴え、できれば切り倒してほしい旨の陳情書を学校に提出した。

　B 君たちは、卒業生が植林してくれた桜の木を守りたいと思い。地域住民の集会に参加し、クレームをつけている住民と話し合いたいと思った。

【話し合い活動のヒント】

　①問題になっていることは何でしょう。

```
┌─────────────────────────────────────────────┐
│                                             │
│                                             │
│                                             │
│                                             │
└─────────────────────────────────────────────┘
```

　②学校の桜は、地域住民たちにとってどのような意味があるかを考えた上で、B 君たちは桜の木の存続のためにはどうすればいいでしょうか。集会に参加する皆が納得できる意見を考えてみましょう。

```
┌─────────────────────────────────────────────┐
│                                             │
│                                             │
│                                             │
│                                             │
└─────────────────────────────────────────────┘
```

【ディスクルス教材③：クラスの協働活動】

　Ａ中学校では、地域助け合い活動を行うことになった。この活動は、各クラスの個々人が地域のために様々な助け合い活動を行うもので、基本的には個々人が地域の様々な助け合い活動を考えて、それを実行することであった。ある者は、地域の清掃活動に参加したり、またある者は、子どもクラブの指導を行ったりした。Ｂは、歩道橋を利用する高齢者の荷物を持って手伝う活動を考えていた。この活動は、同居している祖母が、ふと「荷物を持って歩道橋を利用することが辛い」ともらしたことで思いついたものだった。学校の近くには、エレベーターが設置されていない歩道橋があり、ときおり重い荷物を持って上るのに苦労している高齢者が見受けられた。

　ところが、ある時学級活動で、クラスのリーダー格のＣが、地域助け合い活動は、個々人で行うだけではなく、クラスのみんなが協働して行う活動も必要だと主張して、幾つかの活動を提案した。その中には、Ｂが考えていた歩道橋の荷物運び活動も入っていた。Ｂは、自分が実行しようとしている活動であることだったので少し面白くなかった。特にＣが、自分たちのクラスの重要活動にしようといったことが気に入らなかった。そのため、Ｂは荷物運び活動をクラスのみんなが協働で行うことに難色を示した。ところが、ＣはＢの態度は、協働で行う助け合い活動に非協力的であるとして批判したため、ＣとＢは対立状態になってしまった。

〈話し合い活動のヒント〉

　①このクラスで問題となっていることは何でしょうか。

②ＢとＣは、どのような解決策を見出せばいいだろうか。両者が納得で
きる方策を考えてみよう。

【ディスクルス教材④：ネット社会における公共性の問題】

　ある芸能人のブログに、まだ２歳の息子に、「生卵入りの納豆」を朝ごは
んに食べさせている画像が掲載され、ネット上で話題になった。そのブログ
では、子どもが毎朝元気よく生卵入りの納豆を朝ごはんとして食べている画
像が載っており、子育ての一コマとして紹介されていた。

　ところが、このブログをネットで閲覧した人からは、賛否両論が噴出した。

Ａ「２歳の幼児に生卵を食べさせることは危険です。卵アレルギーを誘発
　しかねないし、サルモネラ菌への感染も懸念されます。そういうリスク
　が分かっているのでしょうか。」

Ｂ「大人なら菌に対する抵抗力があるけれど、子どもは感染してしまう危
　険性もあるし、お腹をこわすことも考えられます。」

Ｃ「芸能人としての影響力が大きいので、これを見た若い母親がまねする
　ことも十分に考えられるので、ブログに掲載するのは慎重であってほし
　いです。」

Ｄ「そもそも個々の家庭の方針に目くじら立てる必要はないと思います。
　プライベートなことであって、息子さんに何かあってもその親の責任で
　すから批判は当たらないのでは。」

　確かにブログは個人の責任において開設するものですから、どのような文章や画像を載せても個人の問題です。しかし社会的影響力を持つ著名人や芸能人の場合、一般人と同じように個人的な問題として済ますことができるのかどうかは、意見が分かれるところです。

【話し合い活動のヒント】

　①問題になっていることは何でしょうか。

```



```

　②私的なブログであっても、著名人や芸能人のブログには公共的な責任があると言えるのでしょうか。公私の区別をどこでつければいいでしょうか。考えてみましょう。

```



```

【ディスクルス教材⑤：保育園と個人の権利問題】

　保育園の待機児童問題は、共働きの家庭にとっては大きな問題であり、各地で大きな話題になっている。現在、25歳から44歳までの女性の就業率は60％を超えており、全世帯数から見ても20％以上が共働きであるため、子どもを保育園に預けることは極めて重要である。ところが、様々な状況から預けられず待機児童になっている家庭は多い、そのため、2016年 2 月中旬に匿名

に投稿された「保育園落ちた日本死ね！！！」はネットを中心に話題となり、国会でも取り上げられる騒動になった。

　A市でも待機児童問題は深刻で、保育園の数を増やすことは喫緊の課題となっていた。市では、駅から1キロのB住宅街に補助が受けられる認可保育園（定員60名）を建設するプランをたて、業者に依頼した。そのプランでは、土地面積の問題から園庭は作れないため、園から約100メートル西にある公園を活用することになっていた。

　しかしながらB住宅街の住民たちは、様々な反対意見が出された。「20人程度の託児所なら歓迎するが、60人もの子ども、さらには送迎の親が来ることによる騒音は大きな迷惑である」「園庭も保有しない保育園は子どもの成長にとってよろしくないのではないか。保育園というのは広い園庭を持ち、園児たちがのびのびと遊べて、騒音の心配もない場所を選ぶべきだ」「子どもの声は、騒音であり、個人の静かな生活やプライバシーが侵害される可能性のある保育園は基本的人権の侵害である」等々

　さらに保育園建設反対のポスターを貼ろうとしたC住民は、子どものある地域住民から「エゴイストだ！」と言われ、不眠となり体調を崩すことになった。特にCは反対したことが働く母親の希望をつぶしたという気持ちにさいなまれていると述べている。

　そこでA市は、何とか保育園の開園と地域住民の意見交換の場を確保するため、「住民説明会」を開き、双方の主張の合意を図ろうとした。

【話し合い活動のヒント】

　①問題になっていることは何でしょうか。

②双方の主張の合意を図るためには、どのような政策を行えばいいのだろうか。考えてみよう。

【ディスクルス教材⑥：廃棄食品不正転売事件と食糧問題】

　ある高校のホームルーム活動で日本の「食の問題」についてグループで調べ、次の時間には話し合い活動を行うことになった。その際のテーマは「廃棄食品不正転売事件」であった。具体的なテーマ内容は以下の通りである。

　この事件は、異物混入の疑いがあるために廃棄を依頼した有名カレーチェーンAのビーフカツを、産業廃棄物処理業者のB社が、C社と結託してスーパーマーケットで不正転売し、利益を得ていた事件である。問題のビーフカツは、Aの自社工場の合成樹脂製器具が混入している可能性があり、混入した時点が不明なため出荷した全てのビーフカツ（40609枚）の廃棄を業者に依頼していた。ところが、廃棄したはずのビーフカツが、スーパーマーケットで販売されているのが見つかったため、警察に通報することになった。その後の警察の捜査では、B社の冷凍庫からは大手コンビニエンスストアの冷凍マグロや鶏肉などの賞味期限切れの食品も見つかっており、A以外の食品廃棄物も転売した疑いがもたれている。

こうした行為は、どのような点で道徳的には許されないのかを話し合い、食の問題に関する討論を行うことがホームルーム活動の目的であった。

　Dグループは、次のように主張した。そもそも廃棄すべきビーフカツは産業廃棄物であり、廃棄物処理法に違反しており全く許されない行為だ。さらに賞味期限切れの商品を不当に転売したことも見過ごすわけにはいかない。適切な賞味期限の商品を提供することが食品企業の使命なのに、このような転売でそうした企業努力が無駄になってしまうことは重大な問題である。さらに企業が心配するのは転売過程での品質管理のずさんさで、食品衛生上の問題が起こる可能性がある点だという。近年食中毒だけではなく、大腸菌o157やノロウィルス等、安全を脅かす問題が数多く起こっている。企業は、転売によりこうした衛生管理面での細心の注意を払うことができなくなる。

　ところがEグループの主張は、少し違っていた。確かに処理業者であるB、Cの行為は法律の面から絶対に許されない。しかも、不当な転売は食の安全の面からも許されないし、悪質である。ただ、衛生面に注意して食材をリサイクルすることは、もっと工夫されていいのではないか。特に4万枚以上のビーフカツの廃棄することをどのように考えればいいのだろうか。日本では大量の食品が廃棄されている現実がある。

　日本の食品の半分以上は、世界から輸入したものであると言われている。ところが我々は年間5500万トン（2012年）の食糧を輸入しながら、その約三分の一にあたる1800万トンを廃棄している。この数字は、消費では世界一位と言われている米国の廃棄率を上回っており、WFPによる食料援助総量470万トンの3.8倍であり、およそ3000万人分（途上国ならば5000万人分）の年間食料に匹敵すると言われている。こうした食糧問題を考えると、消費・賞味期限切れの食品は廃棄するよりも、そうであることを明記した上で、廃棄しないでさらに質の高い料理を提供するようにしたらどうだろうか。DとEの両グループの発表には、賛否が寄せられた。どちらが正しいのかの議論も活発に行われた。担任のF先生はみんなが真剣に考えて、主張してい

とに感心したが、どちらの意見も取り上げて、両者が納得する新たな合意形成ができないかと考えていた。

　そこでF先生は、Eグループが指摘した世界的な食糧問題を考慮に入れて、不正転売事件の再発を防ぐにはどうすればいいかをクラスのみんなに問いかけた。どのような解決策が考えられるだろうか。

【話し合い活動のヒント】

　①この事件では、どんなことが問題になっているのでしょうか。

　②どのような解決策を出せばいいのだろうか。具体的な方策を考えてみましょう。

【ディスクルス教材⑦：日本文化の継承と地域開発】

　A村は、昔ながらのかやぶき屋根の民家が多く、江戸時代の宿場町のイメージが随所に残されていた。しかし過疎化の波には逆らえず、若者も地元に残る者は少なく、都会に働きに行くことが多かった。村の高齢化も進んでおり、病院は20キロ離れたとなり町にしかないため、急病の時に車で搬送することも難しかった。幹線道路が建設され、都会の救急病院への搬送が可能

になることは村にとっての悲願であった。さらに、これといって産業のない
A村にとっては観光産業のリニューアルも課題であった。

　女将BさんC旅館は、江戸初期から宿場町の旅籠として有名であった。
古いけれどもかつての日本の典型的な旅館の雰囲気が残されており、そこに
宿泊すると江戸時代の日本の「おもてなし」文化が体験できた。旅人が到着
すると女将Bさんが出迎えてくれる。「ようこそいらっしゃいました」「お
部屋にお連れします」「どちらから来られましたか」「お風呂になさいます
か」「食事の時間はいつにいたします」等々。こうした会話は宿に来て一刻
も早く自分の部屋で一人になりたい旅人にとっては無駄なものであろう。し
かしそこに居ながらにしていないかのような女将Bの「心配り」は、日本
のホスピタリティが結晶化されているようだ。

　ある時、タイから二人の女性観光客がやってきたDとEさんは、タイの
公務員で、日本の民家に興味があるという。C旅館の女将Bさんは、最初
は戸惑ったがいつも通りの接客を行った。言葉は通じなくとも、すぐにお互
いの気持ちは分かり合えるようになった。二人は心から満足して帰国した。
二人はその後、C旅館をネットに紹介したことは話題になり、それ以来東南
アジアからの観光客は徐々に増えていった。彼らのお目当ては都会のホテル
ではなく、日本の伝統的な旅館であり、そこでのもてなしであった。それは
古き良き日本の伝統文化を体験することでもあった。多くの外国人観光客は、
いつもながらのもてなしに満足した。

　そんなA村に道路建設の計画が持ち上がった。それは、格安のゴルフ場
と温泉付きのビジネスホテルを誘致する計画と一体化したものだった。都会
から多くの客を受け入れられると考えた村長は、誘致の話に強くひかれた。
この計画が進めば過疎化に歯止めがかけられ、村には働き口が増え、都会の
病院へのアクセスも容易になる。しいては村の観光産業のリニューアルにも
つながる可能性がある。これで村の生活向上がはかれるのだ。

　村の住民対象との話し合いがもたれた。村長はこれまで地域開発計画が何

度も頓挫してきた経緯を説明した後、A村にとっては最後の開発チャンスであることを強調した。地元の土地保有者や、建設関係者の多くは賛成であった。しかしC旅館の女将Bは反対だった。開発によって村は一時的な活性化されるだろうが、その効果は果たして持続するだろうか。村の本当の資源は、古き日本文化をもっと活用することではないか。女将Bさんの心の中には、あの外国人観光客たちの笑顔があった。こうして村民は、賛成派と反対派の二つに分かれて対立してしまった。

　しかし村長は、「過疎化対策」と「地域医療の立て直し」という二つは急務の課題であると考えていた。そこで、なんとか村の伝統的な日本文化資源を堅持しながらも、この二つの課題を解決する政策はないものかと考え、「A村活性化委員会」を立ち上げた。

【話し合い活動のヒント】

　①A村で問題となっていることは何でしょうか。

　②A村活性化委員会はどのような解決策を出せばいいだろうか。伝統的な日本文化資源を生かしながら村の課題を解決する方策を考えてみよう。

【ディスクルス教材⑧：公共施設と住民自治】

　A町の郊外にゴミ焼却場を建設する計画が立てられたことは、町民の大きな話題になった。A町は、B市の郊外に位置し、緑の森林という豊かな環境に囲まれた住宅地になっていた。多くの住民はB市の職場に通っており共存関係にあったが、A町の豊かな環境に大きな影響を与えるゴミ焼却場の計画に町民の多くが承服できなかった。都市部の住民たちが大量に排出するゴミを、なぜA町が処理しなければならないのか。当然、反対運動が起こり、町民の多くが計画の中止を訴えた。建設の是非をめぐる公聴会は、このような中で開催された。A町で行われた公聴会には多くの町民だけではなく、B市の住民や市関係者も多数参加した。以下は、その時の状況を取材していたD新聞記者の記録である。

A町長「今回のゴミ焼却場の建設計画は、B市関係者との慎重な検討会を経て、第三者機関の学術的意見も受け入れた上で立てられたものです。焼却場の施設には最先端の技術が投入されており、高度な除去フィルターが装備されているので、ダイオキシン等の有害物質がそのまま煙突から排出されることはありません。」

A町民①「確かに最先端技術が投入されているのでしょうが、有害物質をすべて除去することはできません。長年にわたり少しずつ有害物質は土壌に蓄積されていきます。それに、焼却場が一度作られてしまえばそれを移転することは不可能です。我々はA町の豊かな自然を守り、これから成長する子どもたちのためにも決して建設は認められません。」

B市関係者「第三者機関の学術的意見では、除去フィルターの効果が極めて高く、ほとんど問題ないとの結論が出ております。さらに、建設場所はかなり郊外の場所になっておりますので住宅地に影響はありません。現在B市から出されるゴミの量は加速度的に増えております。A町はB市のベットタウンになっており、通勤されている方も多いと思います。どうか、A

町とB市が協力し合いながら地域の発展をはかっていきませんか。」

A町民②「確かにA町からB市に通勤している人は多いです。しかし、大量のゴミはB市から出されているわけですから、B市の適切な場所に建設するべきではありませんか。」

B市民①「A町の皆さんのお気持ちはよく分かります。しかし、B市では急激な都市化によって交通渋滞や過密化の影響は大きくなっており、生活環境は悪化しつつあります。このような状況でさらにゴミ焼却場を建設することは住民として反対です。A町との共存を図るためにも郊外に建設をお願いします。」

B市民②「私は昨年ドイツから帰国して、B市に住むことになりました。私も個人的にはA町のゴミ焼却場の建設計画には反対です。そもそも日本はゴミの量は多すぎます。企業も家庭ももっとゴミを出さない工夫を長い時間かけて考える必要があると思います。ドイツでは住民たちが、ゴミを出さないための多くの知恵を互いに出し合っていましたよ。」

A町民①「焼却場の建設に反対される意見はありがたいです。ただ、問題は緊急を要していますので、ゴミを出さない工夫などという悠長な議論を行っている場合ではありません。それに日本とドイツを単純に比較することはできないと思います。とにかく、私たちA町の自然に悪影響を与える計画には断固として反対です。」

　以上のような様々な意見が出されたが、結局公聴会の議論は平行線のままで終わった。そのため明日以降も公聴会が開かれることになった。D新聞記者は、この議論を分析してみた。確かに、それぞれの意見には一理ある。A町の自然を守ることはその町の住民たちの権利であろう。しかし、ゴミ問題という地域社会の公共問題も決して看過できない。D新聞記者は、この問題で両者の合意形成が図られるようなコラム記事を書くことになっている。

①何が問題になっているのでしょうか。

①②D新聞記者は、両者の合意形成が図られるようなコラム記事を書くこ
とになっているのだが、どのような内容が考えられるだろうか。

第7章 主体的・対話的な〈学び〉の教育 実践③―道徳的心情の育成―

　「道徳的心情」を育成するために重要なのは、道徳的価値の大切さを自覚し、人間としてのより良い生き方を求めていくことである。そして、そうした心情の育成は、道徳的行為への強い動機づけとなり、それは道徳教育の目標である道徳性を養うことに他ならない。

　ところが、今日のような価値多元化社会においては、基本的な道徳的価値に無自覚であったり、そうした価値を自覚しようともしない若者たちが増えている。多様な価値観が承認され、一人ひとりの考え方が認められる社会は、民主的社会の望ましい姿であることは言うまでもない。しかし、基本となるべき価値意識が自覚されずに価値観の多様化が許容されると、他者の事を考えない利己主義（エゴイズム）が蔓延する危険性もある。そのような状況は、民主的社会にとって決して望ましい姿ではないし、それどころか民主的社会の崩壊にもつながりかねない。

　そのため今日の若者たちに強く求められているのは、人間社会にとって何が正しいのかを追究し、人間としてより良く、しかも望ましい「在り方生き方」を考えていくことであろう。そのためには、単に自分自身の問題だけではなく、他者とのかかわりや、社会や自然とのかかわり、さらには伝統や文化、国家とのかかわりに関する様々な徳の教育が求められよう。

　ここで取り上げた教材は、こうした人間としての在り方生き方を考える上で基本となる内容が織り込まれている。教材「最後の言葉」は、徳育の教材として時代を越えて受け継がれてきた古典的寓話を現代的視点から捉え直し、「勤勉」と「協力」することの大切さを考えさせる内容になっている。我が

国の伝統文化である「弓道」を取り上げた教材「弓道の〈道〉が意味すること―弓道即生活　生活即弓道―」では、弓道等の武道が単に勝ち負けを争う競技ではなく、日常生活の中の礼節や自己鍛錬の取り組みと密接に結びついたものであることを理解する内容になっている。教材「心の中のふるさと」では、自然に対する思いをあらためて考え直すために、「回想」という思考活動を活用して自己の自然観を再確認する内容になっている。

　最後の教材は、「自分・自由・国家を考える」というテーマで、太平洋戦争末期の特攻隊を取り上げた。今日の民主主義社会において「国家」の問題を考えることは、極めて重要な教育課題であるが、それを論究するのは難しいといわれている。というのも教育現場でこの課題を扱う場合には、政治的な中立性が求められ、慎重な対応が必要とされるからだ。ただそうだからといって、我々はこの種の問題に過度なアレルギーを持ってはならない。自由が許されず、国家の圧力から逃れられなかった若者たちと同じ目線に立ち、あらためて自己存在と自由の在り方、そして国家とのかかわり方を考えてみることは重要な教育課題である。

1　教材テーマ「古典的寓話の翻案化」

〈解説〉

　道徳的心情を深めていく教材には、人間の素晴らしさや醜さ、勇気や知恵、生きていくことの苦悩や喜び、さらには自然や神秘的なものへの畏敬の念など、様々な内容が感じ取れることが望ましい。古典的寓話には、そうした要素が様々な形で織り込まれている。逆に言えば、そうした要素が多様な形で含まれているがゆえに、時代や地域を越えた古典的価値が認められてきたのかもしれない。例えば最も古典的な寓話として知られている『イソップ寓話』などは、その代表的なものの一つである。

　ただイソップ寓話の場合、寓話集であるためにその内容構成は、最初に道徳的教訓を提示し、それを確認させる形式になっている場合が多い。そのた

め寓話を教材として活用する授業が、教訓の教え込みや価値の押しつけになる可能性もある。本教材「最後の言葉」では道徳的教訓が自然な形で深まっていくような「翻案化」を図っている。翻案とは、原作の主題や大筋などは残し、別の状況・場面に置き換えて新しい作品にすることである。

　この教材は、イソップ寓話の第83話「百姓と彼の息子たち」が基になっているが、「勤勉」の大切さや、「働くこと」の素晴らしさなどを理解させるために、19世紀末ヨーロッパの農村におけるぶどう作りの大変さが分かるような構成に作り変えている。学習者は、ストーリーを追って探究活動を進めていくうちに、かけがえのない経験から得られる教訓、すなわち「幸福は黄金の中にあるのではなく、勤勉の中にある」という教訓を受け取ることになる。

果樹園で豊かに実ったぶどうの木

【教材：最後の言葉】

　父のまわりには、息子たちが集まっていた。彼は今人生の終わりを迎えようとしている。あの屈強だった父がベットに弱々しい体を横たえていた。妻は卒中で数年前に亡くなったが、生前二人は村はずれの裏山でぶどうを栽培し、果樹園を営んでいた。収穫は多く、畑で採れるぶどうは良いワインにな

ると評判で、村の他の畑とは質が全く違っていた。彼は妻の死後も派手な生活をするわけでもなく、毎日を勤勉に働いた。しかし体の不調は突然やってきた。動悸が激しくなり、いつもの仕事ができなくなったのだ。

　死の淵にいる父のまわりには息子たちがいた。長男は村で働いていた。彼は農作業が好きではなかった。父には話していないが果樹園を受け継ぐ気持はなかった。村の市場で働く次男も気持は同じだった。三男も学校を出たらすぐに仕事に就くつもりであり、兄たちと同じように家に帰る気はなかった。

　父は息子たちの帰郷を喜んだ。息子たちは父のかすれるような弱々しい声に涙を流した。「ぶどう山をどうしようか。」父のこの問いかけに彼らは返答することができなかった。父は息子たちの顔とじっと見つめ、何も語らなかった。長い沈黙が続いた。そして彼は、ぽつりとこういった。「ぶどう山に宝物を埋めておいたよ。」これが最後の言葉だった。葬式は父の希望で簡素なものになった。だが彼の人柄を証明するかのように多くの村人たちが来てくれた。息子たちはあらためて父の信望の厚さを感じずにはいられなかった。

　それから一ヶ月後、息子たちが再び家に集まった。父の遺産とぶどう山をどうするか話し合うためだった。調べてみると、父の貯えは一銭もなく、残されていたのはぶどう山だけだった。彼らは父の最後の言葉が気になっていた。そして息子たちは、金品が埋めてあるかもしれないと思い、ぶどう山のいろんな所を掘り返してみたが何も出てこなかった。結局父の言葉の真意は分からずじまいだった。そして最後に息子たちは、父はきっと夢を見ながら亡くなったのだろうという結論に落ち着いた。

　ぶどう山をどうするか、話し合いが続けられた。一度はぶどう山を売って財産を三人で分けることも提案されたが、彼らのこころには「最後の言葉」が残っていた。手元には父の日記がある。ぶどう作りのことしか書いていない日記だった。息子たちは見ようみまねでぶどう作りを始めた。

　その年、村の果樹園では大変なことが起こっていた。害虫が大量に発生したのだ。「フィロキセラ」、別名「ブドウ根アブラムシ」と呼ばれ、ぶどうの

若木はこの虫に食い散らかされてしまった。その被害は深刻で、ほとんどの果樹園が被害を受けた。しかし、息子たちのぶどう山は無事だった。父の日記には、この虫との戦いが書かれていたのだ。「じょうぶな台木をつくり、穂木を接ぎ木してやること。台木には根が必要だが、枝が出てしまってはこまるので、台木の芽はつみ取ること。こうすれば虫なんかに負けない強い木になる……」息子たちは、父の日記どおりにぶどうを作っていった。「実がつきはじめたら、ホシムクドリに気をつけろ。やつらは甘い実が大好きだ。やつらに喰われないようにぶどうの実を薄い布でくるむんだ……」苗木づくりは大変だった。一本一本に接ぎ木して、植えていく。辛い仕事だった。あらためて父の苦労を感じざるを得なかった。実のついたぶどうを布でくるむこともやったことのない作業だった。しかし、一つ一つの実を大切に扱うのは、まるで我が子の成長を喜ぶ親の気分だった。

　それからもう一つ、ぶどうを作るために裏山に上って気づいたことがあった。それはなだらかな丘陵地帯に広がる果樹園の姿と、麓に見える村全体の風景である。それはいつも注意して見ることのない素晴らしい光景だった。汗をかいてぶどうを育て、丘のいただきから村を眺める。遠くに見える教会の尖塔や、赤いレンガ造りの住居、せわしげに働く村人たちの様子が手に取るように分かるのだ。「これが故郷なのだ……。」彼らには村の素晴らしさがあらためて感じられた。やがて秋になり、果樹園には豊かにぶどうがなった。他の畑ではほとんど収穫がなかったので、ぶどうは飛ぶように売れていった。

　このとき息子たちは、はじめて父の「最後の言葉」の意味が分かったような気がした。

　　　（自作教材「最後の言葉」：小川哲哉「古典的寓話の『翻案』教材化に関する一
　　　考察—イソップ寓話の分析を中心に—」日本道徳教育方法学会編『道徳教育方
　　　法研究』第18号、2013年より）

2　教材テーマ「伝統文化から学ぶこと」

〈解説〉

　「道」は「首」と「辶」からなる会意文字で、最初は人間が往来する通り道の意味であったものが、後に抽象性を帯び、人として普遍妥当なる根元的な在り方の意味をも含むようになった。剣道、柔道などの武術や、茶道、華道（花道）などの稽古事には「道」という語が用いられている。これは武道や芸道が、単なる勝負や技術・技巧の競い合いではなく、それを学んでいく過程で「人としての正しい在り方・生き方」を究めようとするものであることを物語っている。つまり、単に相手を打ち負かす技術を身につけることや様式の美を学ぶことを超えて、正しさを学び、正しいことにどこまでも取り組み、人間として在るべき姿を完成させる営為と考えてよい。

　ここで取り上げる弓道は日本古来の伝統的な武道であるが、射手に対して礼節を重んじ自己修練に取り組む姿勢を強く要求している。

江戸時代の浅草三十三間堂
（入江康平編著『武道文化の探求』不昧堂、2003年、185頁）

【教材：弓道の〈道〉が意味すること―弓道即生活　生活即弓道―】

　高校生Aは、日本史の先生が話してくれた江戸浅草三十三間堂での「通し矢」競技に興味を持った。江戸三十三間堂とは今の東京深川あたりに建てられていた仏堂で、長い外廊下があり、そこで行われた弓の全国大会が「通し矢」競技であった。これは当時すでに有名だった京都東山の三十三間堂（蓮

華王院）の通し矢の流行を受けたもので、寛永19年（1642）の建立時から始められていたという。三十三間堂の長さは122m、幅は３ｍにも満たない狭い廊下であり、その端から矢を射通すことは、現代の弓道の試合が「近的」で28m、「遠的」で60ｍだから比較にならないほど難しいといってよい。この通し矢競技には、水戸藩士で日置流大蔵派の大関増実が、徳川光圀が藩主の時代に参加しており、堂のなかを百回射通す「百射」を見事に成功させたそうだ。

　Aが弓道部に入ったのは、こんな郷土の歴史的エピソードからである。弓具を購入して、最初は「巻き藁」という大きな藁の包に至近距離から射法八節に基づく練習から始め、３か月目からは弓道場の的前に立って矢を射る段階に入った。一緒に入部した友人のBも順調に矢を放っている。部活の雰囲気もいいし、きつい朝練もなくてみんな楽しく弓に打ち込んでいる。顧問のC先生は年配で我々の自由を何よりも尊重してくれた。先輩の話によると、昔はとても厳しい指導で有名だったが、怪我で現役を引退してから指導方針が変わったそうだ。

　最初の地区大会では誰もが予想もしていなかった団体戦優勝を勝ち取った。これには皆が驚いた。Aも個人戦で２位、Bは３位の成績を残した。C先生もびっくりしていた。春の県大会に出場が決まると、自然と練習にも力が入っていった。県大会でも実力を発揮し、ついに決勝戦に臨むことになった。５人チームで行う「５人立」で、Bが「落ち前」（最後から二番目の射手）になり、Aは主将として「落ち」（最後の射手）を任された。チームのみんなが力を合わせたが、あと一歩のところで全国大会への出場はならなかった。Aも自分の実力を十分出したとはいえなかった。

　Aは悔しい気持ちでいっぱいだった。何とか全国大会に出場したかった。その強い思いを部のみんなに伝え、朝練を行いもっと実力をつけるべきだと話したが、意外な反応が返ってきた。みなが朝練には反対だった。その理由は部活動を楽しみたいということだった。Aは試合では勝つことが重要だと

繰り返し主張したが、次第にみんなから浮いていく自分に気づいた。一度亀裂が入った部の雰囲気はだんだん悪くなっていく。顧問のＣ先生が、弓道の「道」の話をしてくれたのはそんな時だった。

　Ｃ先生も団体戦であれ、個人戦であれ弓道の試合である以上、勝つことは大切であると理解を示してくれた。しかし先生は、弓道には「なぜ道がついているのかを考えてごらん」といった。Ａは最初のうち、その意味がよく分からなかった。先生は「道」の思想を語ってくれた。弓道の目的が、的中させることにのみこだわる「技術」の競い合いなら「弓術」でいいはずだ。もし弓術ならば、その技術の優劣が重要だから他者よりも優れた技術を持つものが評価されるだろう。その時々の勝ち負けは確かに大切だ。しかし弓道とは何かをもう一度考えてほしい。

　そもそも弓道は、静止した的に自分自身が放つ矢を当てることだよね。自分の心が安定していれば、人との比較や点数の良し悪しではなく、いつも同じところに矢が到達するはずだろう。そんな自分の静かな心の安定の上に技術がついてくるのではないだろうか。技術が先にあって心がついて来るわけではない。だから点数や勝ち負けはあくまでも結果でしかない。本当に大切なのは、自己を抑制し、自分を律していける心構えを見つけていく「道」を求めることではないのかな。部員一人ひとりが弓道と向き合い、自分の弓道への心構えを見つけ出していく練習を大切にしてほしい。そうすれば結果はついて来ると思うよ。先生は、大切な試合前の練習中に怪我をして出場できなくなり、その時、弓道ともう一度向き合ってみたそうだ。

　Ｃ先生との話の後、Ａはすがすがしい気分になった。江戸浅草三十三間堂の通し矢競技に出場した大関増実も、あくまでも自己修練の結果としての百射の成功に至ったのであり、技術の向上だけを目指した結果ではなかったのだろうと思うようになった。

　そこでＡは、まず自分の生活をあらため、もう一度しっかりとした生活をしたうえで、弓道の技術を身につけていく必要があることに気づいた。つま

り先生の言葉から、弓道は日常生活と大きくつながっていること（「弓道即生活　生活即弓道」）に気づいたのである。

　朝練も最初は自分一人だけでも率先して行うことで、自分自身を高めていきたいと感じたのである。

　　　（自作教材：小川哲哉「弓道の〈道〉が意味すること―弓道即生活　生活即弓道―」：大関増実に関しては茨城大学教授佐藤環氏のご教授を頂いた）

3　教材テーマ「回想による自然への思い」

〈解説〉

　自然の神秘さや、自然に対する畏敬の念も、道徳的心情を豊かにするための重要な要素である。そのために自然と触れ合い、自然体験が得られる様々な活動に取り組むことが大切であるといわれている。そうした自然から得られる直接的な経験や体験が今日強く求められている。特にヴァーチャルな世界が日々拡大している情報化社会において、我々が直接経験・体験を得ることは極めて重要である。

　しかしながら、ただ単に自然と触れ合い、自然の中で経験や体験を積めば、自然への思いが自ずと強くなっていくわけではない。自然への思いを高めていくためには、個々人がどれだけ自然を深く考えていくかにかかっている。そのための一つの方法として、自己の自然への思いを「回想」によってより深めて行く思考活動がある。それは、自分がかつて経験・体験した自然に対する記憶をさかのぼり、自分の心の中の自然への思いを手繰り寄せることによって、自然に対する感じ方や考え方を再確認していくことである。

　本教材では現在の自分が、かつて体験した自然に対する記憶を回想しながら、自然への思いを深め、そのイメージを高めていく内容になっている。そのような思考活動は、記憶の中で現在と過去との往復運動を繰り返していくことであり、その繰り返しの中で、自然に対する思いは深まっていくことになるだろう。

【教材：心の中のふるさと】

「北国」「冬景色」「雪」（北海道の風景）

　今年50歳の私がふるさと北海道を離れてから、かれこれ30年近くになる。机の上には一枚の絵はがきがある。北国の雪景色を映した絵はがきだ。「北国」「冬景色」「雪」。この三つの言葉には、北国の「美しさ」を凝縮した何かがある。とりわけ、雪についての思いは、多くの人にとってロマンチックで特別なものではないだろうか。

　私の場合、雪に対する最初の記憶は小学2年生の頃にさかのぼる。それは父の転勤で、生まれた町から小さな農村へと引っ越した頃のことである。ある日の学校の帰り道、人影のないジャガイモ畑に、空から白い綿雪がゆっくりと降りてきた。その瞬間、周囲の騒がしさが消えていったような気がした。静寂の中で雪を追いかけた。つかもうとして掌に入れたとたん、それはあとかたもなく消え去っていく。そんな弱々しい雪が、どす黒い畑の上に少しずつ降り積もり、やがてその畑を純白の平原にしていった。このときの光景は、今でも鮮明な記憶として心の中に残っている。

　しかし、一度でも雪国に住んだ経験のある人なら、雪がそんなロマンチックなものでないことはご存じのはずだ。小さな綿雪の時はいいのだが、それ

が連日連夜降り続くと愛すべき雪は、わずらわしく、うっとうしいものとなる。それどころか、積もりつもった雪を除かないと家から出られないこともあった。北国の子どもにとって「雪かき」はつらい日課の一つであり、雪かきの思い出はたいてい嫌なものが多い。そのため私の場合も大きくなるにつれて雪への特別な思いは消えていき、雪が降ることは憂うつな季節への予感にすぎなくなっていった。しかもその後、北海道を離れた私にとって雪への特別な感覚は失われてしまった。しかし絵はがきを前にして、記憶をたぐり寄せていくと雪をめぐる二つのエピソードが思い出される。

　一つ目は私が大学 2 年で帰省したある冬のこと。それは冷え込みの厳しいある朝早くのことだった。子ども時代以来、久しぶりに雪かきをするため外に出てみると、小さなちりのようなものが空気中をただよっているのに気がついた。一体何だろうと思い、よく見てみるとそれは細かい氷の粒だった。しかもそれは朝の光を浴びてキラキラと美しく輝きながら空中を浮遊しているではないか。私は寒いのも忘れ、しばらくその幻想的な光景に見入ってしまった。「ダイヤモンド・ダスト」であった。学術的には「細氷（ice prisms）」といって、マイナス10度以下の低温時に生ずる雪の初期結晶のことを指すのだが、一般にはキラキラ輝くその姿がまるでダイヤモンドのちりのように見えることからそう呼ばれている。ダイヤモンド・ダストを見たとき、私にはあのジャガイモ畑の思いが甦った。それは日常の中でつい忘れてしまいがちな「自然」との触れ合いへの思いであった。

　もう一つは 6 年ほど前、あるテレビ番組で高校生のボランティア活動が話題になった時のことである。それは北国のある女子高校生たちがボランティア同好会を作り、雪かきを行っているものだった。その同好会は、社会福祉協議会の依頼を受けて一人暮らしのお年寄りを訪問し、玄関の前に積み上がった雪を取り除く活動を毎日行っていた。冷え込みの厳しいマイナス 4 度の中、積もった雪をスコップで取り除く作業はかなりつらい労働だが、終わった後心からお礼を言ってくれる一人暮らしのお年寄りたち。彼らは雪かきへ

の感謝と共に、若い人たちとの会話を楽しみにしているようだった。私の雪かきの思い出は、嫌なことばかりだったが、彼女たちの働く姿は生き生きとしており、そこには雪かきを通した人と人との素朴な触れ合いがあった。

机の上のパソコンを開いてみる。検索する言葉は「雪かき」と「ボランティア」。いろんなサイトがあらわれる。たくさんの人が、さまざまな場所で、雪かきをしながら助け合い、お互いのことを語り合っている。そこは、つらい仕事場ではなく、むしろ心と心が触れ合う楽しい出会いの場であった。

一枚の絵はがきを前にして雪とのかかわりを思い返してみるとき、私には自然と人間が織りなすたくさんのドラマが見えてくる。そこから自己の生き方やあり方をあらためて考え直してみるのは大切なことだと思う。

（自作教材：小川哲哉「心の中のふるさと」）

4　教材テーマ「自分・自由・国家を考える」

〈解説〉

今の若者たちにとって「自由」とは何かを考えることはあっても、「国家」とは何かを考えてみる機会はそれほど多くはないだろうし、特別な場合を除いて、国家と対峙する必要性もないといってよいだろう。しかし戦前の若者たちは「国家」と否応なしにむかい合わなければならなかったし、国家という存在から逃れる「自由」はなかった。

敵の艦艇を攻撃するために戦場に赴き、戦闘機に爆弾を抱えたまま体当たり攻撃を敢行する「特別攻撃」、すなわち「特攻」は、生きて帰ってくることのない片道切符の攻撃であった。その犠牲者は、大戦末期に旧海軍では2527名、旧陸軍では1388名にもなり、合計すると3915名の特攻隊員が命を落としている。

にもかかわらず彼らの運命は軍事機密として一般には明かされることはなかった。出撃前に彼らに与えられた自由の一つとして遺書を書くことが許されていた。ただその遺書も軍によって全て検閲され、反戦的内容や厭世的内

容のものは処分されるケースがあったといわれている。そのため検閲された
遺書から彼らの本当の気持を読み取ることは難しい。

　ここで取り上げる二通の遺書について紹介しておきたい。遺書①は、旧海
軍の特攻隊員の遺書である。小松武海軍上等飛行兵曹は、大正13年（1923）
１月10日生まれで、高知県出身である。彼は現在の茨城県阿見町にあった土
浦航空隊（予科練）第16期乙種飛行予科練習生で、海軍の神風特別攻撃隊第
二御盾隊の特攻隊員として昭和20年２月21日　硫黄島周辺の艦船攻撃中に戦
死（享年22歳）されている。この遺書は検閲がなされていると考えてよいだ
ろう。母に対する気遣いと、国家のために死んでいくことの名誉が書かれて
いるが、この遺書から彼の本心を知ることは難しい。

　遺書②は、旧陸軍の特攻隊員の遺書である。上原良司陸軍大尉は大正12年
（1922）９月27日生まれで、長野県出身である。彼は慶應義塾大学経済学部
１年生の時に学徒動員され、熊谷陸軍飛行学校で訓練を受けている。そして
昭和20年５月11日早朝、鹿児島県知覧飛行場から陸軍特別攻撃隊第56振武隊
の特攻隊員として出撃し、沖縄嘉手納湾の米機動部隊に突入し、戦死（享年
22歳）されている。ただこの攻撃で撃沈させられた米国の艦艇は一隻もなか
った。米国側の資料によれば、そもそも太平洋戦争末期の特攻によって沈没
した艦艇は、沈没16隻、損傷185隻で、敵艦への命中率はわずか１〜３％で
あり、そのため有効は攻撃方法とは言い難く、むしろ彼らの貴重な命と比較
すれば、あまりにも無意味な攻撃であった。

　上原大尉の遺書は、出撃前夜に報道班員高木俊朗氏の求めに応じて書かれ
たものであるが、内容から言っても時局に相応しくない言葉が数多く見て取
れる。例えば、彼の思いの象徴となっている「自由主義の理念」は、当時の
国家観には相いれないものであり、「自由主義者」であることを主張すると
「国賊」や「非国民」の汚名を免れなかったといわれている。そのため、軍
の検閲が入れば、戦意を低める内容として没収・処分されたことは確実であ
ろうと思われる。

こうした緊迫した状況下で報道班員高木俊朗氏は、出撃前夜の５月11日上原大尉に所感を書いてもらうよう依頼した。そして高木氏は、その所感を軍関係者の眼を盗んで外に持ち出し、戦死の翌月の６月には遺族に届けた。そのため彼の遺書は奇跡的に検閲を逃れたものになった。

　この二つの遺書から今日の我々は、「自分」「自由」「国家」について何を考えていけばいいのだろうか。

　　　　　（本解説では、日本戦没学生記念会編『新版　きけ わだつみのこえ』岩波文庫、
　　　　　　1998年を参照した）

【教材：特攻隊員の遺書①】

　待ちに待った晴れの出陣を、明日に控えました。

　突然でいささかあわてましたが、大いに張り切っておりますので、何とぞご安心下さい。

　生を享けて、ここに二十二年になります。何の恩返しも出来ず誠に申し訳ありません。何とぞお許し下さい。

　国家のために散って征くことを、最大の孝行としてお受け下さい。

　私が戦死したと聞きましたら、赤飯を炊き、黒い着物など着ず、万歳と叫んで喜んで遺骨を迎えてください。

　多分骨はないものと思いますから、体操シャツを一枚送ります。

　これは昭和十七年七月十一日土浦航空隊に天皇陛下が行幸されたときに使用した記念すべき品です。私と思って大切にしてください。

　今となっては別に言い残すことはありません。

　とにかく、命のあるうちは徹底的に頑張り抜く覚悟でおります。必ずや、敵空母の一隻や二隻は沈めてみせるつもりです。

　取り急ぎ乱筆になりました。感無量で何もかけません。これでペンを置きます。

　ずいぶんとお元気で、いつまでも暮らしてください。小父さん、小母さん

たちによろしく。ではご機嫌よう。さようなら。

　母上様

　　（予科練資料館 HP より：http://www.yokaren.net/：ルビは引用者）

【教材：特攻隊員の遺書②】

上原良司陸軍大尉

　　　所　感

　栄光ある祖国日本の代表的攻撃隊ともいうべき陸軍特別攻撃隊に選ばれ、身の栄光これに過ぐるものなきを痛感致しております。

　思えば長き学生時代を通じて得た、信念とも申すべき理論万能の道理から考えた場合、これはあるいは、自由主義者といわれるかも知れませんが、自由の勝利は明白な事だと思います。人間の本性たる自由を滅ぼす事は絶対に出来なく、例えそれが抑えられているごとく見えても、底においては常に闘いつつ最後には勝つという事は、彼のイタリヤのクローチェ〔注：全体主義や独裁主義と戦った哲学者〕の言っているこどく真理であると思います。権力主義、全体主義の国家は一時的に隆盛であろうとも、必ずや最後には敗れる事は明白な事実です。我々はその真理を、今次世界大戦の枢軸国家〔注：日本、ドイツ、イタリアの三国軍事同盟の諸国〕において見る事が出来ると思います。ファシズム〔注：ムッソリーニ率いるファシスト党が標榜した全体主義〕のイタリヤや如何、ナチズム〔注：ヒトラーが主張した独裁主義〕のドイツまた、既に敗れ、今や権力主義国家は、土台石の壊れた建築物のごとく、次から次へと滅亡しつつあります。真理の普遍さは今、現実によって証明されつつ、過去において歴史が示したごとく、未来永久に自由の偉大さを証明して行くと思われます。自己の信念の正しかった事、この事はあるいは祖国にとって恐るべき事であるかも知れませんが、吾人にとっては嬉しい限りです。現在のいかなる闘争も、その根底を為すものは必ず思想となりと

思う次第です。既に思想によって、その闘争の結果を明白に見る事が出来ると信じます。

　愛する祖国日本をして、かつての大英帝国のごとき大帝国たらしめんとする私の野望は遂に空しくなりました。真に日本を愛する者をして、立たしめたなら、日本は現在のごとき状態にあるいは追い込まれなかったと思います。世界どこにおいても肩で風を切って歩く日本人、これが私の夢見た理想でした。

　空の特攻隊のパイロットは一器械に過ぎぬと一友人が言った事は確かです。操縦桿を採る器械、人格もなく感情もなく、もちろん理性もなく、ただ敵の航空母艦に向かって吸いつく磁石の中の鉄の一分子に過ぎぬのです。理性をもって考えたなら実に考えられぬ事で強いて考うれば、彼らがいうごとく自殺者とでもいいましょうか。精神の国、日本においてのみ見られる事だと思います。一器械である吾人は何も云う権利もありませんが、ただ、願わくば愛する日本を偉大ならしめられん事を、国民の方々にお願いするのみです。

　こんな精神状態で征ったなら、もちろん死んでも何もならないかも知れません。故に最初に述べたごとく、特別攻撃隊に選ばれた事を光栄に思っている次第です。

　飛行機に乗れば器械に過ぎぬのですけれど、いったん下りればやはり人間ですから、そこには感情もあり、熱情も動きます。愛する恋人〔解説：思いを寄せていた石川治子さん〕に死なれた時、自分も一緒に精神的には死んでおりました。天国に待ちある人、天国において彼女と会えると思うと、死は天国に行く途中でしかありませんから何でもありません。明日は出撃です。過激にわたり、もちろん発表すべき事ではありませんでしたが、偽らぬ心境は以上述べたごとくです。何も系統だてず、思ったままを雑然と述べた事を許して下さい。明日は自由主義者が一人この世から去って行きます。彼の後姿は淋しいですが、心中満足で一杯です。

　云いたい事を云いたいだけ云いました。無礼を御許し下さい。ではこの辺

で。

出撃の前夜記す

（上原良司　中島博広編『新版　あゝ　祖国よ　恋人よ　きけ　わだつみのこえ
上原良司』信濃毎日新聞社、2005年：ルビと括弧内の解説は引用者）

関 連 資 料

学制序文

第二百十四号

人々自ら其身を立て其産を治め其業を昌にして以て其生を遂るゆゑんのものは他なし身を脩め智を開き才芸を長ずるによるなり而て其身を脩め知を開き才芸を長ずるは学にあらざれば能はず是れ学校の設あるゆゑんにして日用常行言語書算を初め仕官農商百工技芸及び法律政治天文医療等に至る迄凡人の営むところの事学あらざるはなし人能く其才のあるところに応じ勉励して之に従事ししかして後初で生を治め産を興し業を昌にするを得べしされば学問は身を立るの財本ともいふべきものにして人たるもの誰か学ばずして可ならんや夫の道路に迷ひ飢餓に陥り家を破り身を喪ふの徒の如きは畢竟不学よりしてかかる過ちを生ずるなり従来学校の設ありてより年を歴ること久しといへども或は其道を得ざるよりして人其方向を誤り学問は士人以上の事とし農工商及婦女子に至つては之を度外におき学問の何者たるを辨ぜず又士人以上の稀に学ぶものも動もすれば国家の為にすと唱へ身を立るの基たるを知ずして或は詞章記誦の末に趨り空理虚談の途に陥り其論高尚に似たりといへども之を身に行ひ事に施すこと能ざるもの少からず是すなはち沿襲の習弊にして文明普ねからず才芸の長ぜずして貧乏破産喪家の徒多きゆゑんなり是故に人たるものは学ばずんばあるべからず之を学ぶに宜しく其旨を誤るべからず之に依て今般文部省に於て学制を定め追々教則をも改正し布告に及ぶべきにつき自今以後一般の人民必ず邑に不学の戸なく家に不学の人なからしめん事を

期す人の父兄たるもの宜しく此意を体認し其愛育の情を厚くし其子弟をして必ず学に従事せしめざるべからざるものなり^{高上の学に至ては其の人の材能に任すといへども幼童の子弟は男女の別なく小学}

に従事せしめざるものは
其父兄の越度たるべき事

　但従来沿襲の弊学問は士人以上の事とし国家の為にすと唱ふるを以て

　学費及其衣食の用に至る迄多く官に依頼し之を給するに非ざれば学ざ

る事と思ひ一生を自棄するもの少からず是皆惑へるの甚しきもの也自今

以後此等の弊を改め一般の人民他事を拋ち自ら奮て必ず学に従事せしむ

べき様心得べき事

右之通被　仰出候条地方官ニ於テ辺隅小民ニ至ル迄不洩様便宜解釈ヲ加ヘ精

細申論文部省規則ニ随ヒ学問普及致候様方法ヲ設可施行事

　明治五年

　　　　　　　　　　　　　　　　　　　　　　太　政　官

師範学校令 （明治19年4月10日勅令第13号）

第1条（目的）
　　師範学校は教員となるべき者を養成する所とする。ただし生徒に順良・信愛・威重の気質を備えさせることに注目すべき者とする。

第2条（種類）
　　師範学校を高等と尋常の二等に分ける。高等師範学校は文部大臣の管理に属する。

第3条（設置数）
　　高等師範学校は東京に1箇所、尋常師範学校は府県に1箇所ずつ設置しなければならない。

第4条（経費）
　　高等師範学校の経費は国庫より、尋常師範学校の経費は地方税から支出しなければならない。

第5条（尋常師範学校の経費）
　　尋常師範学校の経費に必要な地方税の額は府知事県令がその予算を調整し、文部大臣の認可を受けなければならない。

第6条（教員の任期）
　　師範学校長および教員の任期は5年とする。5年以上継続してもよい。

第7条（尋常師範学校長の兼務）
　　尋常師範学校長はその府県の学務課長を兼務することができる。

第8条（生徒募集）
　　師範学校生徒の募集および卒業後の服務に関する規則は文部大臣の定めるところによる。

第9条（生徒の学資）
　　師範学校生徒の学資（学費）はその学校から支給しなければならない。

第10条（高等師範学校卒業時の資格）
　　高等師範学校の卒業生を尋常師範学校長および教員に任命することとする。ただし場合によっては各種の学校長および教員に任命する

ことができる。

第11条（尋常師範学校卒業時の資格）

　　　尋常師範学校の卒業生を公立小学校長および教員に任命することと
　　　する。ただし場合によっては各種の学校長および教員に任命するこ
　　　とができる。

第12条（学科・教科書）

　　　師範学校の学科およびその程度ならびに教科書は文部大臣の定める
　　　ところによる。

教育勅語

朕惟うに　我が皇祖皇宗　国を肇むること宏遠に　徳を樹つること深厚なり
我が臣民　克く忠に克く孝に　億兆心を一にして　世世厥の美を済せる
は　此れ我が国体の精華にして　教育の淵源亦実に此に存す
爾臣民　父母に孝に兄弟に友に　夫婦相和し朋友相信じ　恭倹己れを持し
博愛衆に及ぼし　学を修め　業を習い　以て智能を啓発し　徳器を成就
し　進で公益を広め　世務を開き　常に国憲を重じ　国法に遵い　一旦
緩急あれば　義勇公に奉じ　以て天壌無窮の皇運を扶翼すべし　是の如
きは　独り朕が忠良の臣民たるのみならず　又以て爾祖先の遺風を顕彰
するに足らん
斯の道は　実に我が皇祖皇宗の遺訓にして　子孫臣民の倶に遵守すべき所
之を古今に通じて謬らず　之を中外に施して悖らず　朕爾臣民と倶に
拳拳服膺して　咸其徳を一にせんことを庶幾う

明治二十三年十月三十日

御名　御璽

日本国憲法（抄）（昭和21年11月3日公布）

　日本国民は、正当に選挙された国会における代表者を通じて行動し、われらとわれらの子孫のために、諸国民との協和による成果と、わが国全土にわたって自由のもたらす恵沢を確保し、政府の行為によって再び戦争の惨禍が起ることのないやうにすることを決意し、ここに主権が国民に存することを宣言し、この憲法を確定する。そもそも国政は、国民の厳粛な信託によるものであって、その権威は国民に由来し、その権力は国民の代表者がこれを行使し、その福利は国民がこれを享受する。これは人類普遍の原理であり、この憲法は、かかる原理に基くものである。われらは、これに反する一切の憲法、法令及び詔勅を排除する。

　日本国民は、恒久の平和を念願し、人間相互の関係を支配する崇高な理想を深く自覚するのであって、平和を愛する諸国民の公正と信義に信頼して、われらの安全と生存を保持しようと決意した。われらは、平和を維持し、専制と隷従、圧迫と偏狭を地上から永遠に除去しようと努めてゐる国際社会において、名誉ある地位を占めたいと思ふ。われらは、全世界の国民が、ひとしく恐怖と欠乏から免かれ、平和のうちに生存する権利を有することを確認する。

　われらは、いづれの国家も、自国のことのみに専念して他国を無視してはならないのであって、政治道徳の法則は、普遍的なものであり、この法則に従ふことは、自国の主権を維持し、他国との対等関係に立とうとする各国の責務であると信ずる。

　日本国民は、国家の名誉にかけ、全力をあげてこの崇高な理想と目的を達成することを誓ふ。

第1章　天　皇

第1条［天皇の地位・国民主権］

　天皇は、日本国の象徴であり国民統合の象徴であって、この地位は、主権の存する日本国民の総意に基く。

第9条（戦争の放棄）

　①日本国民は、正義と秩序を基調とする国際平和を誠実に希求し、国権の

発動たる戦争と、武力による威嚇又は武力の行使は、国際紛争を解決する手段としては、永久にこれを放棄する。

②前項の目的を達するため、陸海空軍その他の戦力は、これを保持しない。国の交戦権は、これを認めない。

第3章　国民の権利及び義務

第11条［基本的人権の享有］

国民は、すべての基本的人権の享有を妨げられない。この憲法が国民に保障する基本的人権は、侵すことのできない永久の権利として、現在及び将来の国民に与へられる。

第12条［自由・権利の保持の責任とその濫用の禁止］

この憲法が国民に保障する自由及び権利は、国民の不断の努力によつて、これを保持しなければならない。又、国民は、これを濫用してはならないのであって、常に公共の福祉のためにこれを利用する責任を負ふ。

第13条［個人の尊重と公共の福祉］

すべて国民は、個人として尊重される。生命、自由及び幸福追求に対する国民の権利については、公共の福祉に反しない限り、立法その他国政の上で、最大の尊重を必要とする。

第14条［法の下の平等、貴族の禁止、栄典］

①　すべて国民は、法の下に平等であって、人種、信条、性別、社会的身分又は門地により、政治的、経済的又は社会的関係において、差別されない。

②　華族その他の貴族の制度は、これを認めない。

③　栄誉、勲章その他の栄典の授与は、いかなる特権も伴はない。栄典の授与は、現にこれを有し、又は将来これを受ける者の一代に限り、その効力を有する。

第20条［信教の自由］

①　信教の自由は、何人に対してもこれを保障する。いかなる宗教団体も、国から特権を受け、又は政治上の権力を行使してはならない。

②　何人も、宗教上の行為、祝典、儀式又は行事に参加することを強制されない。

③　国及びその機関は、宗教教育その他いかなる宗教的活動もしてはなら

ない。

第23条［学問の自由］

　学問の自由は、これを保障する。

第25条［生存権、国の社会的使命］

　①　すべて国民は、健康で文化的な最低限度の生活を営む権利を有する。

　②　国は、すべての生活部面について、社会福祉、社会保障及び公衆衛生の向上及び増進に努めなければならない。

第26条［教育を受ける権利、義務教育］

　①　すべて国民は、法律の定めるところにより、その能力に応じて、ひとしく教育を受ける権利を有する。

　②　すべて国民は、法律の定めるところにより、その保護する子女に普通教育を受けさせる義務を負ふ。義務教育は、これを無償とする。

第28条［労働者の団結権］

　勤労者の団結する権利及び団体交渉その他の団体行動をする権利は、これを保障する。

第10章　最高法規

第97条［基本的人権の本質］

　この憲法が日本国民に保障する基本的人権は、人類の多年にわたる自由獲得の努力の成果であって、これらの権利は、過去幾多の試練に堪へ、現在及び将来の国民に対し、侵すことのできない永久の権利として信託されたものである。

大日本帝国憲法（抄）（明治二十二年二月十一日）

第1章　天皇

第1条　大日本帝国ハ万世一系ノ天皇之ヲ統治ス

第2条　皇位ハ皇室典範ノ定ムル所ニ依リ皇男子孫之ヲ継承ス

第3条　天皇ハ神聖ニシテ侵スヘカラス

第4条　天皇ハ国ノ元首ニシテ統治権ヲ総攬シ此ノ憲法ノ条規ニ依リ之ヲ行フ

第11条　天皇ハ陸海軍ヲ統帥ス

教育基本法（昭和二十二年三月三十一日、法律第二十五号）

　朕は、枢密顧問の諮詢を経て、帝国議会の協賛を経た教育基本法を裁可し、ここにこれを公布せしめる。

教育基本法
　われらは、さきに、日本国憲法を確定し、民主的で文化的な国家を建設して、世界の平和と人類の福祉に貢献しようとする決意を示した。この理想の実現は、根本において教育の力にまつべきものである。
　われらは、個人の尊厳を重んじ、真理と平和を希求する人間の育成を期するとともに、普遍的にしてしかも個性ゆたかな文化の創造をめざす教育を普及徹底しなければならない。
　ここに、日本国憲法の精神に則り、教育の目的を明示して、新しい日本の教育の基本を確立するため、この法律を制定する。

第一条（教育の目的）　教育は、人格の完成をめざし、平和的な国家及び社会の形成者として、真理と正義を愛し、個人の価値をたつとび、勤労と責任を重んじ、自主的精神に充ちた心身ともに健康な国民の育成を期して行われなければならない。
第二条（教育の方針）　教育の目的は、あらゆる機会に、あらゆる場所において実現されなければならない。この目的を達成するためには、学問の自由を尊重し、実際生活に即し、自発的精神を養い、自他の敬愛と協力によつて、文化の創造と発展に貢献するように努めなければならない。
第三条（教育の機会均等）　すべて国民は、ひとしく、その能力に応ずる教育を受ける機会を与えられなければならないものであつて、人種、信条、性別、社会的身分、経済的地位又は門地によつて、教育上差別されない。
　2　国及び地方公共団体は、能力があるにもかかわらず、経済的理由によつて修学困難な者に対して、奨学の方法を講じなければならない。
第四条（義務教育）　国民は、その保護する子女に、九年の普通教育を受けさせる義務を負う。
　2　国又は地方公共団体の設置する学校における義務教育については、授

業料は、これを徴収しない。

第五条（男女共学）　男女は、互に敬重し、協力し合わなければならないものであつて、教育上男女の共学は、認められなければならない。

第六条（学校教育）　法律に定める学校は、公の性質をもつものであつて、国又は地方公共団体の外、法律に定める法人のみが、これを設置することができる。

　2　法律に定める学校の教員は、全体の奉仕者であつて、自己の使命を自覚し、その職責の遂行に努めなければならない。このためには、教員の身分は、尊重され、その待遇の適正が、期せられなければならない。

第七条（社会教育）　家庭教育及び勤労の場所その他社会において行われる教育は、国及び地方公共団体によつて奨励されなければならない。

　2　国及び地方公共団体は、図書館、博物館、公民館等の施設の設置、学校の施設の利用その他適当な方法によつて教育の目的の実現に努めなければならない。

第八条（政治教育）　良識ある公民たるに必要な政治的教養は、教育上これを尊重しなければならない。

　2　法律に定める学校は、特定の政党を支持し、又はこれに反対するための政治教育その他政治的活動をしてはならない。

第九条（宗教教育）　宗教に関する寛容の態度及び宗教の社会生活における地位は、教育上これを尊重しなければならない。

　2　国及び地方公共団体が設置する学校は、特定の宗教のための宗教教育その他宗教的活動をしてはならない。

第十条（教育行政）　教育は、不当な支配に服することなく、国民全体に対し直接に責任を負つて行われるべきものである。

　2　教育行政は、この自覚のもとに、教育の目的を遂行するに必要な諸条件の整備確立を目標として行われなければならない。

第十一条（補則）　この法律に掲げる諸条項を実施するために必要がある場合には、適当な法令が制定されなければならない。

附則
　この法律は、公布の日から、これを施行する。

教育基本法 （平成十八年十二月二十二日法律第百二十号）

　教育基本法（昭和二十二年法律第二十五号）の全部を改正する。
　我々日本国民は、たゆまぬ努力によって築いてきた民主的で文化的な国家を更に発展させるとともに、世界の平和と人類の福祉の向上に貢献することを願うものである。
　我々は、この理想を実現するため、個人の尊厳を重んじ、真理と正義を希求し、公共の精神を尊び、豊かな人間性と創造性を備えた人間の育成を期するとともに、伝統を継承し、新しい文化の創造を目指す教育を推進する。
　ここに、我々は、日本国憲法の精神にのっとり、我が国の未来を切り拓く教育の基本を確立し、その振興を図るため、この法律を制定する。

第一章　教育の目的及び理念

（教育の目的）
第一条　教育は、人格の完成を目指し、平和で民主的な国家及び社会の形成者として必要な資質を備えた心身ともに健康な国民の育成を期して行われなければならない。
（教育の目標）
第二条　教育は、その目的を実現するため、学問の自由を尊重しつつ、次に掲げる目標を達成するよう行われるものとする。
　一　幅広い知識と教養を身に付け、真理を求める態度を養い、豊かな情操と道徳心を培うとともに、健やかな身体を養うこと。
　二　個人の価値を尊重して、その能力を伸ばし、創造性を培い、自主及び自律の精神を養うとともに、職業及び生活との関連を重視し、勤労を重んずる態度を養うこと。
　三　正義と責任、男女の平等、自他の敬愛と協力を重んずるとともに、公共の精神に基づき、主体的に社会の形成に参画し、その発展に寄与する態度を養うこと。
　四　生命を尊び、自然を大切にし、環境の保全に寄与する態度を養うこと。

五　伝統と文化を尊重し、それらをはぐくんできた我が国と郷土を愛するとともに、他国を尊重し、国際社会の平和と発展に寄与する態度を養うこと。

（生涯学習の理念）

第三条　国民一人一人が、自己の人格を磨き、豊かな人生を送ることができるよう、その生涯にわたって、あらゆる機会に、あらゆる場所において学習することができ、その成果を適切に生かすことのできる社会の実現が図られなければならない。

（教育の機会均等）

第四条　すべて国民は、ひとしく、その能力に応じた教育を受ける機会を与えられなければならず、人種、信条、性別、社会的身分、経済的地位又は門地によって、教育上差別されない。

2　国及び地方公共団体は、障害のある者が、その障害の状態に応じ、十分な教育を受けられるよう、教育上必要な支援を講じなければならない。

3　国及び地方公共団体は、能力があるにもかかわらず、経済的理由によって修学が困難な者に対して、奨学の措置を講じなければならない。

第二章　教育の実施に関する基本

（義務教育）

第五条　国民は、その保護する子に、別に法律で定めるところにより、普通教育を受けさせる義務を負う。

2　義務教育として行われる普通教育は、各個人の有する能力を伸ばしつつ社会において自立的に生きる基礎を培い、また、国家及び社会の形成者として必要とされる基本的な資質を養うことを目的として行われるものとする。

3　国及び地方公共団体は、義務教育の機会を保障し、その水準を確保するため、適切な役割分担及び相互の協力の下、その実施に責任を負う。

4　国又は地方公共団体の設置する学校における義務教育については、授業料を徴収しない。

（学校教育）

第六条　法律に定める学校は、公の性質を有するものであって、国、地方公共団体及び法律に定める法人のみが、これを設置することができる。

2　前項の学校においては、教育の目標が達成されるよう、教育を受ける者の心身の発達に応じて、体系的な教育が組織的に行われなければならない。この場合において、教育を受ける者が、学校生活を営む上で必要な規律を重んずるとともに、自ら進んで学習に取り組む意欲を高めることを重視して行われなければならない。

（大学）

第七条　大学は、学術の中心として、高い教養と専門的能力を培うとともに、深く真理を探究して新たな知見を創造し、これらの成果を広く社会に提供することにより、社会の発展に寄与するものとする。

　2　大学については、自主性、自律性その他の大学における教育及び研究の特性が尊重されなければならない。

（私立学校）

第八条　私立学校の有する公の性質及び学校教育において果たす重要な役割にかんがみ、国及び地方公共団体は、その自主性を尊重しつつ、助成その他の適当な方法によって私立学校教育の振興に努めなければならない。

（教員）

第九条　法律に定める学校の教員は、自己の崇高な使命を深く自覚し、絶えず研究と修養に励み、その職責の遂行に努めなければならない。

　2　前項の教員については、その使命と職責の重要性にかんがみ、その身分は尊重され、待遇の適正が期せられるとともに、養成と研修の充実が図られなければならない。

（家庭教育）

第十条　父母その他の保護者は、子の教育について第一義的責任を有するものであって、生活のために必要な習慣を身に付けさせるとともに、自立心を育成し、心身の調和のとれた発達を図るよう努めるものとする。

　2　国及び地方公共団体は、家庭教育の自主性を尊重しつつ、保護者に対する学習の機会及び情報の提供その他の家庭教育を支援するために必要な施策を講ずるよう努めなければならない。

（幼児期の教育）

第十一条　幼児期の教育は、生涯にわたる人格形成の基礎を培う重要なものであることにかんがみ、国及び地方公共団体は、幼児の健やかな成長に資する良好な環境の整備その他適当な方法によって、その振興に努めなけれ

ばならない。
（社会教育）
第十二条　個人の要望や社会の要請にこたえ、社会において行われる教育は、国及び地方公共団体によって奨励されなければならない。
　2　国及び地方公共団体は、図書館、博物館、公民館その他の社会教育施設の設置、学校の施設の利用、学習の機会及び情報の提供その他の適当な方法によって社会教育の振興に努めなければならない。
（学校、家庭及び地域住民等の相互の連携協力）
第十三条　学校、家庭及び地域住民その他の関係者は、教育におけるそれぞれの役割と責任を自覚するとともに、相互の連携及び協力に努めるものとする。
（政治教育）
第十四条　良識ある公民として必要な政治的教養は、教育上尊重されなければならない。
　2　法律に定める学校は、特定の政党を支持し、又はこれに反対するための政治教育その他政治的活動をしてはならない。
（宗教教育）
第十五条　宗教に関する寛容の態度、宗教に関する一般的な教養及び宗教の社会生活における地位は、教育上尊重されなければならない。
　2　国及び地方公共団体が設置する学校は、特定の宗教のための宗教教育その他宗教的活動をしてはならない。

第三章　教育行政

（教育行政）
第十六条　教育は、不当な支配に服することなく、この法律及び他の法律の定めるところにより行われるべきものであり、教育行政は、国と地方公共団体との適切な役割分担及び相互の協力の下、公正かつ適正に行われなければならない。
　2　国は、全国的な教育の機会均等と教育水準の維持向上を図るため、教育に関する施策を総合的に策定し、実施しなければならない。
　3　地方公共団体は、その地域における教育の振興を図るため、その実情に応じた教育に関する施策を策定し、実施しなければならない。

4　国及び地方公共団体は、教育が円滑かつ継続的に実施されるよう、必要な財政上の措置を講じなければならない。

（教育振興基本計画）

第十七条　政府は、教育の振興に関する施策の総合的かつ計画的な推進を図るため、教育の振興に関する施策についての基本的な方針及び講ずべき施策その他必要な事項について、基本的な計画を定め、これを国会に報告するとともに、公表しなければならない。

　2　地方公共団体は、前項の計画を参酌し、その地域の実情に応じ、当該地方公共団体における教育の振興のための施策に関する基本的な計画を定めるよう努めなければならない。

第四章　法令の制定

第十八条　この法律に規定する諸条項を実施するため、必要な法令が制定されなければならない。

附則抄

　（施行期日）

　1　この法律は、公布の日から施行する。

教師の倫理綱領 （昭和二七年、日本教職員組合決定）

一　教師は日本社会の課題にこたえて青少年とともに生きる
二　教師は教育の機会均等のためにたたかう
三　教師は平和を守る
四　教師は科学的真理に立って行動する
五　教師は教育の自由の侵害を許さない
六　教師は正しい政治をもとめる
七　教師は親たちとともに社会の頽廃とたたかい、新しい文化をつくる
八　教師は労働者である
九　教師は生活権を守る
十　教師は団結する

教員の地位に関する勧告（抄）

1966年9月21日〜10月5日　ユネスコ特別政府間会議採択

前　文

　教員の地位に関する特別政府間会議は、教育を受ける権利が基本的人権の一つであることを想起し、世界人権宣言の第26条、児童の権利宣言の第5原則、第7原則および第10原則および諸国民間の平和、相互の尊重と理解の精神を青少年の間に普及することに関する国連宣言を達成するうえで、すべての者に適正な教育を与えることが国家の責任であることを自覚し、不断の道徳的・文化的進歩および経済的社会的発展に本質的な寄与をなすものとして、役立てうるすべての能力と知性を十分に活用するために、普通教育、技術教育および職業教育をより広範に普及させる必要を認め、教育の進歩における教員の不可欠な役割、ならびに人間の開発および現代社会の発展への彼らの貢献の重要性を認識し、教員がこの役割にふさわしい地位を享受することを保障することに関心を持ち、異なった国々における教育のパターンおよび編成を決定する法令および慣習が非常に多岐にわたっていることを考慮し、かつ、それぞれの国で教育職員に適用される措置が、とくに公務に関する規制が教員にも適用されるかどうかによって非常に異なった種類のものが多く存在することを考慮に入れ、これらの相違にもかかわらず教員の地位に関してすべての国々で同じような問題が起こっており、かつ、これらの問題が、今回の勧告の作成の目的であるところの、一連の共通基準および措置の適用を必要としていることを確信し、教員に適用される現行国際諸条約、とくにILO総会で採択された結社の自由及び団結権保護条約（1948年）、団結権及び団体交渉権条約（1949年）、同一報酬条約（1951年）、差別待遇（雇用及び職業）条約（1958年）、および、ユネスコ総会で採択された教育の差別防止条約（1960年）等の基本的人権に関する諸条項に注目し、また、ユネスコおよび国際教育局が合同で召集した国際公教育会議で採択された初中等学校教員の養成と地位の諸側面に関する諸勧告、およびユネスコ総会で、1962年に採択された技術・職業教育に関する勧告にも注目し、教員にとくに関連する諸問題に関した諸規定によって現行諸基準を補足し、また、教員不足の問題を解決したいと願い、以下の勧告を採択した。

1　定義

1　本勧告の適用上、

(a)　「教員」（teacher）という語は、学校において生徒の教育に責任を持つすべての人々をいう。

(b)　教員に関して用いられる「地位」（status）という表現は、教員の職務の重要性およびその職務遂行能力の評価の程度によって示される社会的地位または尊敬、ならびに他の職業集団と比較して教員に与えられる労働条件、報酬その他の物質的給付等の双方を意味する。

2　範囲

2　本勧告は、公立・私立共に中等教育終了段階までの学校、すなわち、技術教育、職業教育および芸術教育を行なうものを含めて、保育園・幼稚園・初等および中間または中等学校のすべての教員に適用される。

3　指導的諸原則

3　教育は、その最初の学年から、人権および基本的自由に対する深い尊敬をうえつけることを目的とすると同時に、人間個性の全面的発達および共同社会の精神的、道徳的、社会的、文化的ならびに経済的な発展を目的とするものでなければならない。これらの諸価値の範囲の中で最も重要なものは、教育が平和の為に貢献をすること、およびすべての国民の間の、そして人種的、宗教的集団相互の間の理解と寛容と友情に対して貢献することである。

4　教育の進歩は、教育職員一般の資格と能力および個々の教員の人間的、教育学的、技術的資質に大いに依存するところが大きいことが認識されなければならない。

5　教員の地位は、教育の目的、目標に照らして評価される教育の必要性にみあったものでなければならない。教育の目的、目標を完全に実現する上で、教員の正当な地位および教育職に対する正当な社会的尊敬が、大きな重要性をもっているということが認識されなければならない。

6　教育の仕事は専門職とみなされるべきである。この職業は厳しい、継続的な研究を経て獲得され、維持される専門的知識および特別な技術を教員

に要求する公共的業務の一種である。また、責任をもたされた生徒の教育
および福祉に対して、個人的および共同の責任感を要求するものである。

7　教員の養成および雇用のすべての面にわたって、人種、皮膚の色、性別、
宗教、政治的見解、国籍または門地もしくは経済的条件にもとづくいかな
る形態の差別も行なわれてはならない。

8　教員の労働条件は、効果的な学習を最もよく促進し、教員がその職業的
任務に専念することができるものでなければならない

小学校学習指導要領（平成29年3月）（抄）

　教育は、教育基本法第1条に定めるとおり、人格の完成を目指し、平和で民主的な国家及び社会の形成者として必要な資質を備えた心身ともに健康な国民の育成を期すという目的のもと、同法第2条に掲げる次の目標を達成するよう行われなければならない。
1　幅広い知識と教養を身に付け、真理を求める態度を養い、豊かな情操と道徳心を培うとともに、健やかな身体を養うこと。
2　個人の価値を尊重して、その能力を伸ばし、創造性を培い、自主及び自律の精神を養うとともに、職業及び生活との関連を重視し、勤労を重んずる態度を養うこと。

3 正義と責任、男女の平等、自他の敬愛と協力を重んずるとともに、公共の精神に基づき、主体的に社会の形成に参画し、その発展に寄与する態度を養うこと。

4 生命を尊び、自然を大切にし、環境の保全に寄与する態度を養うこと。

5 伝統と文化を尊重し、それらをはぐくんできた我が国と郷土を愛するとともに、他国を尊重し、国際社会の平和と発展に寄与する態度を養うこと。

　これからの学校には、こうした教育の目的及び目標の達成を目指しつつ、一人一人の児童が、自分のよさや可能性を認識するとともに、あらゆる他者を価値のある存在として尊重し、多様な人々と協働しながら様々な社会的変化を乗り越え、豊かな人生を切り拓き、持続可能な社会の創り手となることができるようにすることが求められる。このために必要な教育の在り方を具体化するのが、各学校において教育の内容等を組織的かつ計画的に組み立てた教育課程である。

　教育課程を通して、これからの時代に求められる教育を実現していくためには、よりよい学校教育を通してよりよい社会を創るという理念を学校と社会とが共有し、それぞれの学校において、必要な学習内容をどのように学び、どのような資質・能力を身に付けられるようにするのかを教育課程において明確にしながら、社会との連携及び協働によりその実現を図っていくという、社会に開かれた教育課程の実現が重要となる。

　学習指導要領とは、こうした理念の実現に向けて必要となる教育課程の基準を大綱的に定めるものである。学習指導要領が果たす役割の一つは、公の性質を有する学校における教育水準を全国的に確保することである。また、各学校がその特色を生かして創意工夫を重ね、長年にわたり積み重ねられてきた教育実践や学術研究の蓄積を生かしながら、児童や地域の現状や課題を捉え、家庭や地域社会と協力して、学習指導要領を踏まえた教育活動の更なる充実を図っていくことも重要である。

　児童が学ぶことの意義を実感できる環境を整え、一人一人の資質・能力を伸ばせるようにしていくことは、教職員をはじめとする学校関係者はもとより、家庭や地域の人々も含め、様々な立場から児童や学校に関わる全ての大人に期待される役割である。幼児期の教育の基礎の上に、中学校以降の教育や生涯にわたる学習とのつながりを見通しながら、児童の学習の在り方を展

望していくために広く活用されるものとなることを期待して、ここに小学校学習指導要領を定める。

第1章　総則

第1　小学校教育の基本と教育課程の役割

1　各学校においては、教育基本法及び学校教育法その他の法令並びにこの章以下に示すところに従い、児童の人間として調和のとれた育成を目指し、児童の心身の発達の段階や特性及び学校や地域の実態を十分考慮して、適切な教育課程を編成するものとし、これらに掲げる目標を達成するよう教育を行うものとする。

2　学校の教育活動を進めるに当たっては、各学校において、第3の1に示す主体的・対話的で深い学びの実現に向けた授業改善を通して、創意工夫を生かした特色ある教育活動を展開する中で、次の(1)から(3)までに掲げる事項の実現を図り、児童に生きる力を育むことを目指すものとする。

(1)　基礎的・基本的な知識及び技能を確実に習得させ、これらを活用して課題を解決するために必要な思考力、判断力、表現力等を育むとともに、主体的に学習に取り組む態度を養い、個性を生かし多様な人々との協働を促す教育の充実に努めること。その際、児童の発達の段階を考慮して、児童の言語活動など、学習の基盤をつくる活動を充実するとともに、家庭との連携を図りながら、児童の学習習慣が確立するよう配慮すること。

(2)　道徳教育や体験活動、多様な表現や鑑賞の活動等を通して、豊かな心や創造性の涵養を目指した教育の充実に努めること。

　　学校における道徳教育は、特別の教科である道徳（以下「道徳科」という。）を要として学校の教育活動全体を通じて行うものであり、道徳科はもとより、各教科、外国語活動、総合的な学習の時間及び特別活動のそれぞれの特質に応じて、児童の発達の段階を考慮して、適切な指導を行うこと。

　　道徳教育は、教育基本法及び学校教育法に定められた教育の根本精神に基づき、自己の生き方を考え、主体的な判断の下に行動し、自立した人間として他者と共によりよく生きるための基盤となる道徳性を養うこ

とを目標とすること。

　　道徳教育を進めるに当たっては、人間尊重の精神と生命に対する畏敬の念を家庭、学校、その他社会における具体的な生活の中に生かし、豊かな心をもち、伝統と文化を尊重し、それらを育んできた我が国と郷土を愛し、個性豊かな文化の創造を図るとともに、平和で民主的な国家及び社会の形成者として、公共の精神を尊び、社会及び国家の発展に努め、他国を尊重し、国際社会の平和と発展や環境の保全に貢献し未来を拓く主体性のある日本人の育成に資することとなるよう特に留意すること。

(3)　学校における体育・健康に関する指導を、児童の発達の段階を考慮して、学校の教育活動全体を通じて適切に行うことにより、健康で安全な生活と豊かなスポーツライフの実現を目指した教育の充実に努めること。特に、学校における食育の推進並びに体力の向上に関する指導、安全に関する指導及び心身の健康の保持増進に関する指導については、体育科、家庭科及び特別活動の時間はもとより、各教科、道徳科、外国語活動及び総合的な学習の時間などにおいてもそれぞれの特質に応じて適切に行うよう努めること。また、それらの指導を通して、家庭や地域社会との連携を図りながら、日常生活において適切な体育・健康に関する活動の実践を促し、生涯を通じて健康・安全で活力ある生活を送るための基礎が培われるよう配慮すること。

3　2の(1)から(3)までに掲げる事項の実現を図り、豊かな創造性を備え持続可能な社会の創り手となることが期待される児童に、生きる力を育むことを目指すに当たっては、学校教育全体並びに各教科、道徳科、外国語活動、総合的な学習の時間及び特別活動（以下「各教科等」という。ただし、第2の3の(2)のア及びウにおいて、特別活動については学級活動（学校給食に係るものを除く。）に限る。）の指導を通してどのような資質・能力の育成を目指すのかを明確にしながら、教育活動の充実を図るものとする。その際、児童の発達の段階や特性等を踏まえつつ、次に掲げることが偏りなく実現できるようにするものとする。

(1)　知識及び技能が習得されるようにすること。

(2)　思考力、判断力、表現力等を育成すること。

(3)　学びに向かう力、人間性等を涵養すること。

4　各学校においては、児童や学校、地域の実態を適切に把握し、教育の目

的や目標の実現に必要な教育の内容等を教科等横断的な視点で組み立てていくこと、教育課程の実施状況を評価してその改善を図っていくこと、教育課程の実施に必要な人的又は物的な体制を確保するとともにその改善を図っていくことなどを通して、教育課程に基づき組織的かつ計画的に各学校の教育活動の質の向上を図っていくこと（以下「カリキュラム・マネジメント」という。）に努めるものとする。

第2　教育課程の編成

1　各学校の教育目標と教育課程の編成

　教育課程の編成に当たっては、学校教育全体や各教科等における指導を通して育成を目指す資質・能力を踏まえつつ、各学校の教育目標を明確にするとともに、教育課程の編成についての基本的な方針が家庭や地域とも共有されるよう努めるものとする。その際、第5章総合的な学習の時間の第2の1に基づき定められる目標との関連を図るものとする。

2　教科等横断的な視点に立った資質・能力の育成

⑴　各学校においては、児童の発達の段階を考慮し、言語能力、情報活用能力（情報モラルを含む。）、問題発見・解決能力等の学習の基盤となる資質・能力を育成していくことができるよう、各教科等の特質を生かし、教科等横断的な視点から教育課程の編成を図るものとする。

⑵　各学校においては、児童や学校、地域の実態及び児童の発達の段階を考慮し、豊かな人生の実現や災害等を乗り越えて次代の社会を形成することに向けた現代的な諸課題に対応して求められる資質・能力を、教科等横断的な視点で育成していくことができるよう、各学校の特色を生かした教育課程の編成を図るものとする。

3　教育課程の編成における共通的事項

⑴　内容等の取扱い

　　ア　第2章以下に示す各教科、道徳科、外国語活動及び特別活動の内容に関する事項は、特に示す場合を除き、いずれの学校においても取り扱わなければならない。

　　イ　学校において特に必要がある場合には、第2章以下に示していない内容を加えて指導することができる。また、第2章以下に示す内容の取扱いのうち内容の範囲や程度等を示す事項は、全ての児童に対して

指導するものとする内容の範囲や程度等を示したものであり、学校に
おいて特に必要がある場合には、この事項にかかわらず加えて指導す
ることができる。ただし、これらの場合には、第2章以下に示す各教
科、道徳科、外国語活動及び特別活動の目標や内容の趣旨を逸脱した
り、児童の負担過重となったりすることのないようにしなければなら
ない。

ウ　第2章以下に示す各教科、道徳科、外国語活動及び特別活動の内容
に掲げる事項の順序は、特に示す場合を除き、指導の順序を示すもの
ではないので、学校においては、その取扱いについて適切な工夫を加
えるものとする。

エ　学年の内容を2学年まとめて示した教科及び外国語活動の内容は、
2　学年間かけて指導する事項を示したものである。各学校において
は、これらの事項を児童や学校、地域の実態に応じ、2学年間を見通
して計画的に指導することとし、特に示す場合を除き、いずれかの学
年に分けて、又はいずれの学年においても指導するものとする。

オ　学校において2以上の学年の児童で編制する学級について特に必要
がある場合には、各教科及び道徳科の目標の達成に支障のない範囲内
で、各教科及び道徳科の目標及び内容について学年別の順序によらな
いことができる。

カ　道徳科を要として学校の教育活動全体を通じて行う道徳教育の内容
は、第3章特別の教科道徳の第2に示す内容とし、その実施に当たっ
ては、第6に示す道徳教育に関する配慮事項を踏まえるものとする。

(2)　授業時数等の取扱い

ア　各教科等の授業は、年間35週（第1学年については34週）以上にわた
って行うよう計画し、週当たりの授業時数が児童の負担過重にならな
いようにするものとする。ただし、各教科等や学習活動の特質に応じ
効果的な場合には、夏季、冬季、学年末等の休業日の期間に授業日を
設定する場合を含め、これらの授業を特定の期間に行うことができる。

イ　特別活動の授業のうち、児童会活動、クラブ活動及び学校行事につ
いては、それらの内容に応じ、年間、学期ごと、月ごとなどに適切な
授業時数を充てるものとする。

ウ　各学校の時間割については、次の事項を踏まえ適切に編成するもの

とする。

(ｱ) 各教科等のそれぞれの授業の1単位時間は、各学校において、各教科等の年間授業時数を確保しつつ、児童の発達の段階及び各教科等や学習活動の特質を考慮して適切に定めること。

(ｲ) 各教科等の特質に応じ、10分から15分程度の短い時間を活用して特定の教科等の指導を行う場合において、教師が、単元や題材など内容や時間のまとまりを見通した中で、その指導内容の決定や指導の成果の把握と活用等を責任を持って行う体制が整備されているときは、その時間を当該教科等の年間授業時数に含めることができること。

(ｳ) 給食、休憩などの時間については、各学校において工夫を加え、適切に定めること。

(ｴ) 各学校において、児童や学校、地域の実態、各教科等や学習活動の特質等に応じて、創意工夫を生かした時間割を弾力的に編成できること。

エ 総合的な学習の時間における学習活動により、特別活動の学校行事に掲げる各行事の実施と同様の成果が期待できる場合においては、総合的な学習の時間における学習活動をもって相当する特別活動の学校行事に掲げる各行事の実施に替えることができる。

(3) 指導計画の作成等に当たっての配慮事項

各学校においては、次の事項に配慮しながら、学校の創意工夫を生かし、全体として、調和のとれた具体的な指導計画を作成するものとする。

ア 各教科等の指導内容については、(1)のアを踏まえつつ、単元や題材など内容や時間のまとまりを見通しながら、そのまとめ方や重点の置き方に適切な工夫を加え、第3の1に示す主体的・対話的で深い学びの実現に向けた授業改善を通して資質・能力を育む効果的な指導ができるようにすること。

イ 各教科等及び各学年相互間の関連を図り、系統的、発展的な指導ができるようにすること。

ウ 学年の内容を2学年まとめて示した教科及び外国語活動については、当該学年間を見通して、児童や学校、地域の実態に応じ、児童の発達の段階を考慮しつつ、効果的、段階的に指導するようにすること。

エ　児童の実態等を考慮し、指導の効果を高めるため、児童の発達の段
　　　階や指導内容の関連性等を踏まえつつ、合科的・関連的な指導を進め
　　　ること。
　4　学校段階等間の接続
　　教育課程の編成に当たっては、次の事項に配慮しながら、学校段階等間の
　接続を図るものとする。
　　(1)　幼児期の終わりまでに育ってほしい姿を踏まえた指導を工夫すること
　　　により、幼稚園教育要領等に基づく幼児期の教育を通して育まれた資
　　　質・能力を踏まえて教育活動を実施し、児童が主体的に自己を発揮しな
　　　がら学びに向かうことが可能となるようにすること。
　　　　また、低学年における教育全体において、例えば生活科において育成
　　　する自立し生活を豊かにしていくための資質・能力が、他教科等の学習
　　　においても生かされるようにするなど、教科等間の関連を積極的に図り、
　　　幼児期の教育及び中学年以降の教育との円滑な接続が図られるよう工夫
　　　すること。特に、小学校入学当初においては、幼児期において自発的な
　　　活動としての遊びを通して育まれてきたことが、各教科等における学習
　　　に円滑に接続されるよう、生活科を中心に、合科的・関連的な指導や弾
　　　力的な時間割の設定など、指導の工夫や指導計画の作成を行うこと。
　　(2)　中学校学習指導要領及び高等学校学習指導要領を踏まえ、中学校教育
　　　及びその後の教育との円滑な接続が図られるよう工夫すること。特に、
　　　義務教育学校、中学校連携型小学校及び中学校併設型小学校においては、
　　　義務教育9年間を見通した計画的かつ継続的な教育課程を編成すること。

第3　教育課程の実施と学習評価

1　主体的・対話的で深い学びの実現に向けた授業改善
　　各教科等の指導に当たっては、次の事項に配慮するものとする。
　　(1)　第1の3の(1)から(3)までに示すことが偏りなく実現されるよう、単元
　　　や題材など内容や時間のまとまりを見通しながら、児童の主体的・対話
　　　的で深い学びの実現に向けた授業改善を行うこと。
　　　　特に、各教科等において身に付けた知識及び技能を活用したり、思考
　　　力、判断力、表現力等や学びに向かう力、人間性等を発揮させたりして、
　　　学習の対象となる物事を捉え思考することにより、各教科等の特質に応

じた物事を捉える視点や考え方（以下「見方・考え方」という。）が鍛えられていくことに留意し、児童が各教科等の特質に応じた見方・考え方を働かせながら、知識を相互に関連付けてより深く理解したり、情報を精査して考えを形成したり、問題を見いだして解決策を考えたり、思いや考えを基に創造したりすることに向かう過程を重視した学習の充実を図ること。

(2)　第2の2の(1)に示す言語能力の育成を図るため、各学校において必要な言語環境を整えるとともに、国語科を要としつつ各教科等の特質に応じて、児童の言語活動を充実すること。あわせて、(7)に示すとおり読書活動を充実すること。

(3)　第2の2の(1)に示す情報活用能力の育成を図るため、各学校において、コンピュータや情報通信ネットワークなどの情報手段を活用するために必要な環境を整え、これらを適切に活用した学習活動の充実を図ること。また、各種の統計資料や新聞、視聴覚教材や教育機器などの教材・教具の適切な活用を図ること。

あわせて、各教科等の特質に応じて、次の学習活動を計画的に実施すること。

ア　児童がコンピュータで文字を入力するなどの学習の基盤として必要となる情報手段の基本的な操作を習得するための学習活動

イ　児童がプログラミングを体験しながら、コンピュータに意図した処理を行わせるために必要な論理的思考力を身に付けるための学習活動

(4)　児童が学習の見通しを立てたり学習したことを振り返ったりする活動を、計画的に取り入れるように工夫すること。

(5)　児童が生命の有限性や自然の大切さ、主体的に挑戦してみることや多様な他者と協働することの重要性などを実感しながら理解することができるよう、各教科等の特質に応じた体験活動を重視し、家庭や地域社会と連携しつつ体系的・継続的に実施できるよう工夫すること。

(6)　児童が自ら学習課題や学習活動を選択する機会を設けるなど、児童の興味・関心を生かした自主的、自発的な学習が促されるよう工夫すること。

(7)　学校図書館を計画的に利用しその機能の活用を図り、児童の主体的・対話的で深い学びの実現に向けた授業改善に生かすとともに、児童の自

主的、自発的な学習活動や読書活動を充実すること。また、地域の図書館や博物館、美術館、劇場、音楽堂等の施設の活用を積極的に図り、資料を活用した情報の収集や鑑賞等の学習活動を充実すること。

2　学習評価の充実

学習評価の実施に当たっては、次の事項に配慮するものとする。

(1)　児童のよい点や進歩の状況などを積極的に評価し、学習したことの意義や価値を実感できるようにすること。また、各教科等の目標の実現に向けた学習状況を把握する観点から、単元や題材など内容や時間のまとまりを見通しながら評価の場面や方法を工夫して、学習の過程や成果を評価し、指導の改善や学習意欲の向上を図り、資質・能力の育成に生かすようにすること。

(2)　創意工夫の中で学習評価の妥当性や信頼性が高められるよう、組織的かつ計画的な取組を推進するとともに、学年や学校段階を越えて児童の学習の成果が円滑に接続されるように工夫すること。

第4　児童の発達の支援

1　児童の発達を支える指導の充実

教育課程の編成及び実施に当たっては、次の事項に配慮するものとする。

(1)　学習や生活の基盤として、教師と児童との信頼関係及び児童相互のよりよい人間関係を育てるため、日頃から学級経営の充実を図ること。また、主に集団の場面で必要な指導や援助を行うガイダンスと、個々の児童の多様な実態を踏まえ、一人一人が抱える課題に個別に対応した指導を行うカウンセリングの双方により、児童の発達を支援すること。

あわせて、小学校の低学年、中学年、高学年の学年の時期の特長を生かした指導の工夫を行うこと。

(2)　児童が、自己の存在感を実感しながら、よりよい人間関係を形成し、有意義で充実した学校生活を送る中で、現在及び将来における自己実現を図っていくことができるよう、児童理解を深め、学習指導と関連付けながら、生徒指導の充実を図ること。

(3)　児童が、学ぶことと自己の将来とのつながりを見通しながら、社会的・職業的自立に向けて必要な基盤となる資質・能力を身に付けていくことができるよう、特別活動を要としつつ各教科等の特質に応じて、キ

ャリア教育の充実を図ること。

(4) 児童が、基礎的・基本的な知識及び技能の習得も含め、学習内容を確実に身に付けることができるよう、児童や学校の実態に応じ、個別学習やグループ別学習、繰り返し学習、学習内容の習熟の程度に応じた学習、児童の興味・関心等に応じた課題学習、補充的な学習や発展的な学習などの学習活動を取り入れることや、教師間の協力による指導体制を確保することなど、指導方法や指導体制の工夫改善により、個に応じた指導の充実を図ること。その際、第3の1の(3)に示す情報手段や教材・教具の活用を図ること。

2　特別な配慮を必要とする児童への指導

(1)　障害のある児童などへの指導

　ア　障害のある児童などについては、特別支援学校等の助言又は援助を活用しつつ、個々の児童の障害の状態等に応じた指導内容や指導方法の工夫を組織的かつ計画的に行うものとする。

　イ　特別支援学級において実施する特別の教育課程については、次のとおり編成するものとする。

　　(ア)　障害による学習上又は生活上の困難を克服し自立を図るため、特別支援学校小学部・中学部学習指導要領第7章に示す自立活動を取り入れること。

　　(イ)　児童の障害の程度や学級の実態等を考慮の上、各教科の目標や内容を下学年の教科の目標や内容に替えたり、各教科を、知的障害者である児童に対する教育を行う特別支援学校の各教科に替えたりするなどして、実態に応じた教育課程を編成すること。

　ウ　障害のある児童に対して、通級による指導を行い、特別の教育課程を編成する場合には、特別支援学校小学部・中学部学習指導要領第7章に示す自立活動の内容を参考とし、具体的な目標や内容を定め、指導を行うものとする。その際、効果的な指導が行われるよう、各教科等と通級による指導との関連を図るなど、教師間の連携に努めるものとする。

　エ　障害のある児童などについては、家庭、地域及び医療や福祉、保健、労働等の業務を行う関係機関との連携を図り、長期的な視点で児童への教育的支援を行うために、個別の教育支援計画を作成し活用するこ

とに努めるとともに、各教科等の指導に当たって、個々の児童の実態を的確に把握し、個別の指導計画を作成し活用することに努めるものとする。特に、特別支援学級に在籍する児童や通級による指導を受ける児童については、個々の児童の実態を的確に把握し、個別の教育支援計画や個別の指導計画を作成し、効果的に活用するものとする。

(2) 海外から帰国した児童などの学校生活への適応や、日本語の習得に困難のある児童に対する日本語指導

ア　海外から帰国した児童などについては、学校生活への適応を図るとともに、外国における生活経験を生かすなどの適切な指導を行うものとする。

イ　日本語の習得に困難のある児童については、個々の児童の実態に応じた指導内容や指導方法の工夫を組織的かつ計画的に行うものとする。特に、通級による日本語指導については、教師間の連携に努め、指導についての計画を個別に作成することなどにより、効果的な指導に努めるものとする。

(3) 不登校児童への配慮

ア　不登校児童については、保護者や関係機関と連携を図り、心理や福祉の専門家の助言又は援助を得ながら、社会的自立を目指す観点から、個々の児童の実態に応じた情報の提供その他の必要な支援を行うものとする。

イ　相当の期間小学校を欠席し引き続き欠席すると認められる児童を対象として、文部科学大臣が認める特別の教育課程を編成する場合には、児童の実態に配慮した教育課程を編成するとともに、個別学習やグループ別学習など指導方法や指導体制の工夫改善に努めるものとする。

第5　学校運営上の留意事項

1　教育課程の改善と学校評価等

ア　各学校においては、校長の方針の下に、校務分掌に基づき教職員が適切に役割を分担しつつ、相互に連携しながら、各学校の特色を生かしたカリキュラム・マネジメントを行うよう努めるものとする。また、各学校が行う学校評価については、教育課程の編成、実施、改善が教育活動や学校運営の中核となることを踏まえ、カリキュラム・マネジ

メントと関連付けながら実施するよう留意するものとする。

　　イ　教育課程の編成及び実施に当たっては、学校保健計画、学校安全計画、食に関する指導の全体計画、いじめの防止等のための対策に関する基本的な方針など、各分野における学校の全体計画等と関連付けながら、効果的な指導が行われるように留意するものとする。

2　家庭や地域社会との連携及び協働と学校間の連携

　　教育課程の編成及び実施に当たっては、次の事項に配慮するものとする。

　　ア　学校がその目的を達成するため、学校や地域の実態等に応じ、教育活動の実施に必要な人的又は物的な体制を家庭や地域の人々の協力を得ながら整えるなど、家庭や地域社会との連携及び協働を深めること。また、高齢者や異年齢の子供など、地域における世代を越えた交流の機会を設けること。

　　イ　他の小学校や、幼稚園、認定こども園、保育所、中学校、高等学校、特別支援学校などとの間の連携や交流を図るとともに、障害のある幼児児童生徒との交流及び共同学習の機会を設け、共に尊重し合いながら協働して生活していく態度を育むようにすること。

第6　道徳教育に関する配慮事項

　道徳教育を進めるに当たっては、道徳教育の特質を踏まえ、前項までに示す事項に加え、次の事項に配慮するものとする。

1　各学校においては、第1の2の(2)に示す道徳教育の目標を踏まえ、道徳教育の全体計画を作成し、校長の方針の下に、道徳教育の推進を主に担当する教師（以下「道徳教育推進教師」という。）を中心に、全教師が協力して道徳教育を展開すること。なお、道徳教育の全体計画の作成に当たっては、児童や学校、地域の実態を考慮して、学校の道徳教育の重点目標を設定するとともに、道徳科の指導方針、第3章特別の教科道徳の第2に示す内容との関連を踏まえた各教科、外国語活動、総合的な学習の時間及び特別活動における指導の内容及び時期並びに家庭や地域社会との連携の方法を示すこと。

2　各学校においては、児童の発達の段階や特性等を踏まえ、指導内容の重点化を図ること。その際、各学年を通じて、自立心や自律性、生命を尊重する心や他者を思いやる心を育てることに留意すること。また、各学年段

階においては、次の事項に留意すること。

⑴ 第1学年及び第2学年においては、挨拶などの基本的な生活習慣を身に付けること、善悪を判断し、してはならないことをしないこと、社会生活上のきまりを守ること。

⑵ 第3学年及び第4学年においては、善悪を判断し、正しいと判断したことを行うこと、身近な人々と協力し助け合うこと、集団や社会のきまりを守ること。

⑶ 第5学年及び第6学年においては、相手の考え方や立場を理解して支え合うこと、法やきまりの意義を理解して進んで守ること、集団生活の充実に努めること、伝統と文化を尊重し、それらを育んできた我が国と郷土を愛するとともに、他国を尊重すること。

3 学校や学級内の人間関係や環境を整えるとともに、集団宿泊活動やボランティア活動、自然体験活動、地域の行事への参加などの豊かな体験を充実すること。また、道徳教育の指導内容が、児童の日常生活に生かされるようにすること。その際、いじめの防止や安全の確保等にも資することとなるよう留意すること。

4 学校の道徳教育の全体計画や道徳教育に関する諸活動などの情報を積極的に公表したり、道徳教育の充実のために家庭や地域の人々の積極的な参加や協力を得たりするなど、家庭や地域社会との共通理解を深め、相互の連携を図ること。

第3章 特別の教科 道徳

第1 目 標

第1章総則の第1の2の(2)に示す道徳教育の目標に基づき、よりよく生きるための基盤となる道徳性を養うため、道徳的諸価値についての理解を基に、自己を見つめ、物事を多面的・多角的に考え、自己の生き方についての考えを深める学習を通して、道徳的な判断力、心情、実践意欲と態度を育てる。

第2 内 容

学校の教育活動全体を通じて行う道徳教育の要である道徳科においては、

以下に示す項目について扱う。

  A　主として自分自身に関すること

  ［善悪の判断、自律、自由と責任］

    〔第1学年及び第2学年〕

      よいことと悪いこととの区別をし、よいと思うことを進んで行うこと。

    〔第3学年及び第4学年〕

      正しいと判断したことは、自信をもって行うこと。

    〔第5学年及び第6学年〕

      自由を大切にし、自律的に判断し、責任のある行動をすること。

  ［正直、誠実］

    〔第1学年及び第2学年〕

      うそをついたりごまかしをしたりしないで、素直に伸び伸びと生活すること。

    〔第3学年及び第4学年〕

      過ちは素直に改め、正直に明るい心で生活すること。

    〔第5学年及び第6学年〕

      誠実に、明るい心で生活すること。

  ［節度、節制］

    〔第1学年及び第2学年〕

      健康や安全に気を付け、物や金銭を大切にし、身の回りを整え、わがままをしないで、規則正しい生活をすること。

    〔第3学年及び第4学年〕

      自分でできることは自分でやり、安全に気を付け、よく考えて行動し、節度のある生活をすること。

    〔第5学年及び第6学年〕

      安全に気を付けることや、生活習慣の大切さについて理解し、自分の生活を見直し、節度を守り節制に心掛けること。

  ［個性の伸長］

    〔第1学年及び第2学年〕

      自分の特徴に気付くこと。

    〔第3学年及び第4学年〕

自分の特徴に気付き、長所を伸ばすこと。
　〔第５学年及び第６学年〕
　　自分の特徴を知って、短所を改め長所を伸ばすこと。
　［希望と勇気、努力と強い意志］
　〔第１学年及び第２学年〕
　　自分のやるべき勉強や仕事をしっかりと行うこと。
　〔第３学年及び第４学年〕
　　自分でやろうと決めた目標に向かって、強い意志をもち、粘り強く
　やり抜くこと。
　〔第５学年及び第６学年〕
　　より高い目標を立て、希望と勇気をもち、困難があってもくじけず
　に努力して物事をやり抜くこと。
　［真理の探究］
　〔第５学年及び第６学年〕
　　真理を大切にし、物事を探究しようとする心をもつこと。
Ｂ　主として人との関わりに関すること
　［親切、思いやり］
　〔第１学年及び第２学年〕
　　身近にいる人に温かい心で接し、親切にすること。
　〔第３学年及び第４学年〕
　　相手のことを思いやり、進んで親切にすること。
　〔第５学年及び第６学年〕
　　誰に対しても思いやりの心をもち、相手の立場に立って親切にする
　こと。
　［感謝］
　〔第１学年及び第２学年〕
　　家族など日頃世話になっている人々に感謝すること。
　〔第３学年及び第４学年〕
　　家族など生活を支えてくれている人々や現在の生活を築いてくれた
　高齢者に、尊敬と感謝の気持ちをもって接すること。
　〔第５学年及び第６学年〕
　　日々の生活が家族や過去からの多くの人々の支え合いや助け合いで

　成り立っていることに感謝し、それに応えること。

［礼儀］

〔第1学年及び第2学年〕

　気持ちのよい挨拶、言葉遣い、動作などに心掛けて、明るく接すること。

〔第3学年及び第4学年〕

　礼儀の大切さを知り、誰に対しても真心をもって接すること。

〔第5学年及び第6学年〕

　時と場をわきまえて、礼儀正しく真心をもって接すること。

［友情、信頼］

〔第1学年及び第2学年〕

　友達と仲よくし、助け合うこと。

〔第3学年及び第4学年〕

　友達と互いに理解し、信頼し、助け合うこと。

〔第5学年及び第6学年〕

　友達と互いに信頼し、学び合って友情を深め、異性についても理解しながら、人間関係を築いていくこと。

［相互理解、寛容］

〔第3学年及び第4学年〕

　自分の考えや意見を相手に伝えるとともに、相手のことを理解し、自分と異なる意見も大切にすること。

〔第5学年及び第6学年〕

　自分の考えや意見を相手に伝えるとともに、謙虚な心をもち、広い心で自分と異なる意見や立場を尊重すること。

C　主として集団や社会との関わりに関すること

［規則の尊重］

〔第1学年及び第2学年〕

　約束やきまりを守り、みんなが使う物を大切にすること。

〔第3学年及び第4学年〕

　約束や社会のきまりの意義を理解し、それらを守ること。

〔第5学年及び第6学年〕

　法やきまりの意義を理解した上で進んでそれらを守り、自他の権利

を大切にし、義務を果たすこと。

〔公正、公平、社会正義〕

　〔第1学年及び第2学年〕

　　自分の好き嫌いにとらわれないで接すること。

　〔第3学年及び第4学年〕

　　誰に対しても分け隔てをせず、公正、公平な態度で接すること。

　〔第5学年及び第6学年〕

　　誰に対しても差別をすることや偏見をもつことなく、公正、公平な態度で接し、正義の実現に努めること。

〔勤労、公共の精神〕

　〔第1学年及び第2学年〕

　　働くことのよさを知り、みんなのために働くこと。

　〔第3学年及び第4学年〕

　　働くことの大切さを知り、進んでみんなのために働くこと。

　〔第5学年及び第6学年〕

　　働くことや社会に奉仕することの充実感を味わうとともに、その意義を理解し、公共のために役に立つことをすること。

〔家族愛、家庭生活の充実〕

　〔第1学年及び第2学年〕

　　父母、祖父母を敬愛し、進んで家の手伝いなどをして、家族の役に立つこと。

　〔第3学年及び第4学年〕

　　父母、祖父母を敬愛し、家族みんなで協力し合って楽しい家庭をつくること。

　〔第5学年及び第6学年〕

　　父母、祖父母を敬愛し、家族の幸せを求めて、進んで役に立つことをすること。

〔よりよい学校生活、集団生活の充実〕

　〔第1学年及び第2学年〕

　　先生を敬愛し、学校の人々に親しんで、学級や学校の生活を楽しくすること。

　〔第3学年及び第4学年〕

　　先生や学校の人々を敬愛し、みんなで協力し合って楽しい学級や学校をつくること。

〔第5学年及び第6学年〕

　　先生や学校の人々を敬愛し、みんなで協力し合ってよりよい学級や学校をつくるとともに、様々な集団の中での自分の役割を自覚して集団生活の充実に努めること。

［伝統と文化の尊重、国や郷土を愛する態度］

〔第1学年及び第2学年〕

　　我が国や郷土の文化と生活に親しみ、愛着をもつこと。

〔第3学年及び第4学年〕

　　我が国や郷土の伝統と文化を大切にし、国や郷土を愛する心をもつこと。

〔第5学年及び第6学年〕

　　我が国や郷土の伝統と文化を大切にし、先人の努力を知り、国や郷土を愛する心をもつこと。

［国際理解、国際親善］

〔第1学年及び第2学年〕

　　他国の人々や文化に親しむこと。

〔第3学年及び第4学年〕

　　他国の人々や文化に親しみ、関心をもつこと。

〔第5学年及び第6学年〕

　　他国の人々や文化について理解し、日本人としての自覚をもって国際親善に努めること。

D　主として生命や自然、崇高なものとの関わりに関すること

［生命の尊さ］

〔第1学年及び第2学年〕

　　生きることのすばらしさを知り、生命を大切にすること。

〔第3学年及び第4学年〕

　　生命の尊さを知り、生命あるものを大切にすること。

〔第5学年及び第6学年〕

　　生命が多くの生命のつながりの中にあるかけがえのないものであることを理解し、生命を尊重すること。

［自然愛護］

　　　　〔第１学年及び第２学年〕

　　　　　身近な自然に親しみ、動植物に優しい心で接すること。

　　　　〔第３学年及び第４学年〕

　　　　　自然のすばらしさや不思議さを感じ取り、自然や動植物を大切にすること。

　　　　〔第５学年及び第６学年〕

　　　　　自然の偉大さを知り、自然環境を大切にすること。

　　　［感動、畏敬の念］

　　　　〔第１学年及び第２学年〕

　　　　　美しいものに触れ、すがすがしい心をもつこと。

　　　　〔第３学年及び第４学年〕

　　　　　美しいものや気高いものに感動する心をもつこと。

　　　　〔第５学年及び第６学年〕

　　　　　美しいものや気高いものに感動する心や人間の力を超えたものに対する畏敬の念をもつこと。

　　　［よりよく生きる喜び］

　　　　〔第５学年及び第６学年〕

　　　　　よりよく生きようとする人間の強さや気高さを理解し、人間として生きる喜びを感じること。

第３　指導計画の作成と内容の取扱い

１　各学校においては、道徳教育の全体計画に基づき、各教科、外国語活動、総合的な学習の時間及び特別活動との関連を考慮しながら、道徳科の年間指導計画を作成するものとする。なお、作成に当たっては、第２に示す各学年段階の内容項目について、相当する各学年において全て取り上げることとする。その際、児童や学校の実態に応じ、２学年間を見通した重点的な指導や内容項目間の関連を密にした指導、一つの内容項目を複数の時間で扱う指導を取り入れるなどの工夫を行うものとする。

２　第２の内容の指導に当たっては、次の事項に配慮するものとする。

　⑴　校長や教頭などの参加、他の教師との協力的な指導などについて工夫し、道徳教育推進教師を中心とした指導体制を充実すること。

⑵　道徳科が学校の教育活動全体を通じて行う道徳教育の要としての役割を果たすことができるよう、計画的・発展的な指導を行うこと。特に、各教科、外国語活動、総合的な学習の時間及び特別活動における道徳教育としては取り扱う機会が十分でない内容項目に関わる指導を補うことや、児童や学校の実態等を踏まえて指導をより一層深めること、内容項目の相互の関連を捉え直したり発展させたりすることに留意すること。

⑶　児童が自ら道徳性を養う中で、自らを振り返って成長を実感したり、これからの課題や目標を見付けたりすることができるよう工夫すること。その際、道徳性を養うことの意義について、児童自らが考え、理解し、主体的に学習に取り組むことができるようにすること。

⑷　児童が多様な感じ方や考え方に接する中で、考えを深め、判断し、表現する力などを育むことができるよう、自分の考えを基に話し合ったり書いたりするなどの言語活動を充実すること。

⑸　児童の発達の段階や特性等を考慮し、指導のねらいに即して、問題解決的な学習、道徳的行為に関する体験的な学習等を適切に取り入れるなど、指導方法を工夫すること。その際、それらの活動を通じて学んだ内容の意義などについて考えることができるようにすること。また、特別活動等における多様な実践活動や体験活動も道徳科の授業に生かすようにすること。

⑹　児童の発達の段階や特性等を考慮し、第2に示す内容との関連を踏まえつつ、情報モラルに関する指導を充実すること。また、児童の発達の段階や特性等を考慮し、例えば、社会の持続可能な発展などの現代的な課題の取扱いにも留意し、身近な社会的課題を自分との関係において考え、それらの解決に寄与しようとする意欲や態度を育てるよう努めること。なお、多様な見方や考え方のできる事柄について、特定の見方や考え方に偏った指導を行うことのないようにすること。

⑺　道徳科の授業を公開したり、授業の実施や地域教材の開発や活用などに家庭や地域の人々、各分野の専門家等の積極的な参加や協力を得たりするなど、家庭や地域社会との共通理解を深め、相互の連携を図ること。

3　教材については、次の事項に留意するものとする。

⑴　児童の発達の段階や特性、地域の実情等を考慮し、多様な教材の活用に努めること。特に、生命の尊厳、自然、伝統と文化、先人の伝記、ス

ポーツ、情報化への対応等の現代的な課題などを題材とし、児童が問題
意識をもって多面的・多角的に考えたり、感動を覚えたりするような充
実した教材の開発や活用を行うこと。
(2) 教材については、教育基本法や学校教育法その他の法令に従い、次の
観点に照らし適切と判断されるものであること。
　　ア　児童の発達の段階に即し、ねらいを達成するのにふさわしいもので
　　　あること。
　　イ　人間尊重の精神にかなうものであって、悩みや葛藤等の心の揺れ、
　　　人間関係の理解等の課題も含め、児童が深く考えることができ、人間
　　　としてよりよく生きる喜びや勇気を与えられるものであること。
　　ウ　多様な見方や考え方のできる事柄を取り扱う場合には、特定の見方
　　　や考え方に偏った取扱いがなされていないものであること。
4　児童の学習状況や道徳性に係る成長の様子を継続的に把握し、指導に生
　かすよう努める必要がある。ただし、数値などによる評価は行わないもの
　とする。

中学校学習指導要領（平成29年３月）（抄）

　教育は、教育基本法第１条に定めるとおり、人格の完成を目指し、平和で民主的な国家及び社会の形成者として必要な資質を備えた心身ともに健康な国民の育成を期すという目的のもと、同法第２条に掲げる次の目標を達成するよう行われなければならない。
1　幅広い知識と教養を身に付け、真理を求める態度を養い、豊かな情操と道徳心を培うとともに、健やかな身体を養うこと。
2　個人の価値を尊重して、その能力を伸ばし、創造性を培い、自主及び自律の精神を養うとともに、職業及び生活との関連を重視し、勤労を重んずる態度を養うこと。
3　正義と責任、男女の平等、自他の敬愛と協力を重んずるとともに、公共の精神に基づき、主体的に社会の形成に参画し、その発展に寄与する態度を養うこと。

4　生命を尊び、自然を大切にし、環境の保全に寄与する態度を養うこと。
5　伝統と文化を尊重し、それらをはぐくんできた我が国と郷土を愛するとともに、他国を尊重し、国際社会の平和と発展に寄与する態度を養うこと。

　これからの学校には、こうした教育の目的及び目標の達成を目指しつつ、一人一人の生徒が、自分のよさや可能性を認識するとともに、あらゆる他者を価値のある存在として尊重し、多様な人々と協働しながら様々な社会的変化を乗り越え、豊かな人生を切り拓き、持続可能な社会の創り手となることができるようにすることが求められる。このために必要な教育の在り方を具体化するのが、各学校において教育の内容等を組織的かつ計画的に組み立てた教育課程である。

　教育課程を通して、これからの時代に求められる教育を実現していくためには、よりよい学校教育を通してよりよい社会を創るという理念を学校と社会とが共有し、それぞれの学校において、必要な学習内容をどのように学び、どのような資質・能力を身に付けられるようにするのかを教育課程において明確にしながら、社会との連携及び協働によりその実現を図っていくという、社会に開かれた教育課程の実現が重要となる。

　学習指導要領とは、こうした理念の実現に向けて必要となる教育課程の基準を大綱的に定めるものである。学習指導要領が果たす役割の一つは、公の性質を有する学校における教育水準を全国的に確保することである。また、各学校がその特色を生かして創意工夫を重ね、長年にわたり積み重ねられてきた教育実践や学術研究の蓄積を生かしながら、生徒や地域の現状や課題を捉え、家庭や地域社会と協力して、学習指導要領を踏まえた教育活動の更なる充実を図っていくことも重要である。

　生徒が学ぶことの意義を実感できる環境を整え、一人一人の資質・能力を伸ばせるようにしていくことは、教職員をはじめとする学校関係者はもとより、家庭や地域の人々も含め、様々な立場から生徒や学校に関わる全ての大人に期待される役割である。幼児期の教育及び小学校教育の基礎の上に、高等学校以降の教育や生涯にわたる学習とのつながりを見通しながら、生徒の学習の在り方を展望していくために広く活用されるものとなることを期待して、ここに中学校学習指導要領を定める。

第1章　総則

第1　中学校教育の基本と教育課程の役割

1　各学校においては、教育基本法及び学校教育法その他の法令並びにこの
　章以下に示すところに従い、生徒の人間として調和のとれた育成を目指し、
　生徒の心身の発達の段階や特性及び学校や地域の実態を十分考慮して、適
　切な教育課程を編成するものとし、これらに掲げる目標を達成するよう教
　育を行うものとする。

2　学校の教育活動を進めるに当たっては、各学校において、第3の1に示
　す主体的・対話的で深い学びの実現に向けた授業改善を通して、創意工夫
　を生かした特色ある教育活動を展開する中で、次の（1）から（3）まで
　に掲げる事項の実現を図り、生徒に生きる力を育むことを目指すものとす
　る。

⑴　基礎的・基本的な知識及び技能を確実に習得させ、これらを活用して
　　課題を解決するために必要な思考力、判断力、表現力等を育むとともに、
　　主体的に学習に取り組む態度を養い、個性を生かし多様な人々との協働
　　を促す教育の充実に努めること。その際、生徒の発達の段階を考慮して、
　　生徒の言語活動など、学習の基盤をつくる活動を充実するとともに、家
　　庭との連携を図りながら、生徒の学習習慣が確立するよう配慮すること。

⑵　道徳教育や体験活動、多様な表現や鑑賞の活動等を通して、豊かな心
　　や創造性の涵養を目指した教育の充実に努めること。

　　　学校における道徳教育は、特別の教科である道徳（以下「道徳科」とい
　　う。）を要として学校の教育活動全体を通じて行うものであり、道徳科
　　はもとより、各教科、総合的な学習の時間及び特別活動のそれぞれの特
　　質に応じて、生徒の発達の段階を考慮して、適切な指導を行うこと。

　　　道徳教育は、教育基本法及び学校教育法に定められた教育の根本精神
　　に基づき、自己の生き方を考え、主体的な判断の下に行動し、自立した
　　人間として他者と共によりよく生きるための基盤となる道徳性を養うこ
　　とを目標とすること。

　　　道徳教育を進めるに当たっては、人間尊重の精神と生命に対する畏敬
　　の念を家庭、学校、その他社会における具体的な生活の中に生かし、豊

かな心をもち、伝統と文化を尊重し、それらを育んできた我が国と郷土を愛し、個性豊かな文化の創造を図るとともに、平和で民主的な国家及び社会の形成者として、公共の精神を尊び、社会及び国家の発展に努め、他国を尊重し、国際社会の平和と発展や環境の保全に貢献し未来を拓く主体性のある日本人の育成に資することとなるよう特に留意すること。

(3) 学校における体育・健康に関する指導を、生徒の発達の段階を考慮して、学校の教育活動全体を通じて適切に行うことにより、健康で安全な生活と豊かなスポーツライフの実現を目指した教育の充実に努めること。特に、学校における食育の推進並びに体力の向上に関する指導、安全に関する指導及び心身の健康の保持増進に関する指導については、保健体育科、技術・家庭科及び特別活動の時間はもとより、各教科、道徳科及び総合的な学習の時間などにおいてもそれぞれの特質に応じて適切に行うよう努めること。また、それらの指導を通して、家庭や地域社会との連携を図りながら、日常生活において適切な体育・健康に関する活動の実践を促し、生涯を通じて健康・安全で活力ある生活を送るための基礎が培われるよう配慮すること。

3 2の(1)から(3)までに掲げる事項の実現を図り、豊かな創造性を備え持続可能な社会の創り手となることが期待される生徒に、生きる力を育むことを目指すに当たっては、学校教育全体並びに各教科、道徳科、総合的な学習の時間及び特別活動（以下「各教科等」という。ただし、第2の3の(2)のア及びウにおいて、特別活動については学級活動（学校給食に係るものを除く。）に限る。）の指導を通してどのような資質・能力の育成を目指すのかを明確にしながら、教育活動の充実を図るものとする。その際、生徒の発達の段階や特性等を踏まえつつ、次に掲げることが偏りなく実現できるようにするものとする。

(1) 知識及び技能が習得されるようにすること。

(2) 思考力、判断力、表現力等を育成すること。

(3) 学びに向かう力、人間性等を涵養すること。

4 各学校においては、生徒や学校、地域の実態を適切に把握し、教育の目的や目標の実現に必要な教育の内容等を教科等横断的な視点で組み立てていくこと、教育課程の実施状況を評価してその改善を図っていくこと、教育課程の実施に必要な人的又は物的な体制を確保するとともにその改善を

図っていくことなどを通して、教育課程に基づき組織的かつ計画的に各学校の教育活動の質の向上を図っていくこと（以下「カリキュラム・マネジメント」という。）に努めるものとする。

第2　教育課程の編成

1　各学校の教育目標と教育課程の編成

　教育課程の編成に当たっては、学校教育全体や各教科等における指導を通して育成を目指す資質・能力を踏まえつつ、各学校の教育目標を明確にするとともに、教育課程の編成についての基本的な方針が家庭や地域とも共有されるよう努めるものとする。その際、第4章総合的な学習の時間の第2の1に基づき定められる目標との関連を図るものとする。

2　教科等横断的な視点に立った資質・能力の育成

(1)　各学校においては、生徒の発達の段階を考慮し、言語能力、情報活用能力（情報モラルを含む。）、問題発見・解決能力等の学習の基盤となる資質・能力を育成していくことができるよう、各教科等の特質を生かし、教科等横断的な視点から教育課程の編成を図るものとする。

(2)　各学校においては、生徒や学校、地域の実態及び生徒の発達の段階を考慮し、豊かな人生の実現や災害等を乗り越えて次代の社会を形成することに向けた現代的な諸課題に対応して求められる資質・能力を、教科等横断的な視点で育成していくことができるよう、各学校の特色を生かした教育課程の編成を図るものとする。

3　教育課程の編成における共通的事項

(1)　内容等の取扱い

　ア　第2章以下に示す各教科、道徳科及び特別活動の内容に関する事項は、特に示す場合を除き、いずれの学校においても取り扱わなければならない。

　イ　学校において特に必要がある場合には、第2章以下に示していない内容を加えて指導することができる。また、第2章以下に示す内容の取扱いのうち内容の範囲や程度等を示す事項は、全ての生徒に対して指導するものとする内容の範囲や程度等を示したものであり、学校において特に必要がある場合には、この事項にかかわらず加えて指導することができる。ただし、これらの場合には、第2章以下に示す各教

科、道徳科及び特別活動の目標や内容の趣旨を逸脱したり、生徒の負
担過重となったりすることのないようにしなければならない。

ウ　第2章以下に示す各教科、道徳科及び特別活動の内容に掲げる事項
の順序は、特に示す場合を除き、指導の順序を示すものではないので、
学校においては、その取扱いについて適切な工夫を加えるものとする。

エ　学校において2以上の学年の生徒で編制する学級について特に必要
がある場合には、各教科の目標の達成に支障のない範囲内で、各教科
の目標及び内容について学年別の順序によらないことができる。

オ　各学校においては、生徒や学校、地域の実態を考慮して、生徒の特
性等に応じた多様な学習活動が行えるよう、第2章に示す各教科や、
特に必要な教科を、選択教科として開設し生徒に履修させることがで
きる。その場合にあっては、全ての生徒に指導すべき内容との関連を
図りつつ、選択教科の授業時数及び内容を適切に定め選択教科の指導
計画を作成し、生徒の負担加重となることのないようにしなければな
らない。また、特に必要な教科の名称、目標、内容などについては、
各学校が適切に定めるものとする。

カ　道徳科を要として学校の教育活動全体を通じて行う道徳教育の内容
は、第3章特別の教科道徳の第2に示す内容とし、その実施に当たっ
ては、第6に示す道徳教育に関する配慮事項を踏まえるものとする。

(2)　授業時数等の取扱い

ア　各教科等の授業は、年間35週以上にわたって行うよう計画し、週当
たりの授業時数が生徒の負担過重にならないようにするものとする。
ただし、各教科等や学習活動の特質に応じ効果的な場合には、夏季、
冬季、学年末等の休業日の期間に授業日を設定する場合を含め、これ
らの授業を特定の期間に行うことができる。

イ　特別活動の授業のうち、生徒会活動及び学校行事については、それ
らの内容に応じ、年間、学期ごと、月ごとなどに適切な授業時数を充
てるものとする。

ウ　各学校の時間割については、次の事項を踏まえ適切に編成するもの
とする。

　　(ア)　各教科等のそれぞれの授業の1単位時間は、各学校において、各
教科等の年間授業時数を確保しつつ、生徒の発達の段階及び各教科

等や学習活動の特質を考慮して適切に定めること。

(イ)　各教科等の特質に応じ、10分から15分程度の短い時間を活用して特定の教科等の指導を行う場合において、当該教科等を担当する教師が、単元や題材など内容や時間のまとまりを見通した中で、その指導内容の決定や指導の成果の把握と活用等を責任を持って行う体制が整備されているときは、その時間を当該教科等の年間授業時数に含めることができること。

(ウ)　給食、休憩などの時間については、各学校において工夫を加え、適切に定めること。

(エ)　各学校において、生徒や学校、地域の実態、各教科等や学習活動の特質等に応じて、創意工夫を生かした時間割を弾力的に編成できること。

エ　総合的な学習の時間における学習活動により、特別活動の学校行事に掲げる各行事の実施と同様の成果が期待できる場合においては、総合的な学習の時間における学習活動をもって相当する特別活動の学校行事に掲げる各行事の実施に替えることができる。

(3)　指導計画の作成等に当たっての配慮事項

各学校においては、次の事項に配慮しながら、学校の創意工夫を生かし、全体として、調和のとれた具体的な指導計画を作成するものとする。

ア　各教科等の指導内容については、(1)のアを踏まえつつ、単元や題材など内容や時間のまとまりを見通しながら、そのまとめ方や重点の置き方に適切な工夫を加え、第3の1に示す主体的・対話的で深い学びの実現に向けた授業改善を通して資質・能力を育む効果的な指導ができるようにすること。

イ　各教科等及び各学年相互間の関連を図り、系統的、発展的な指導ができるようにすること。

4　学校段階間の接続

教育課程の編成に当たっては、次の事項に配慮しながら、学校段階間の接続を図るものとする。

(1)　小学校学習指導要領を踏まえ、小学校教育までの学習の成果が中学校教育に円滑に接続され、義務教育段階の終わりまでに育成することを目指す資質・能力を、生徒が確実に身に付けることができるよう工夫する

こと。特に、義務教育学校、小学校連携型中学校及び小学校併設型中学校においては、義務教育9年間を見通した計画的かつ継続的な教育課程を編成すること。

(2) 高等学校学習指導要領を踏まえ、高等学校教育及びその後の教育との円滑な接続が可能となるよう工夫すること。特に、中等教育学校、連携型中学校及び併設型中学校においては、中等教育6年間を見通した計画的かつ継続的な教育課程を編成すること。

第3 教育課程の実施と学習評価

1 主体的・対話的で深い学びの実現に向けた授業改善
各教科等の指導に当たっては、次の事項に配慮するものとする。

(1) 第1の3の(1)から(3)までに示すことが偏りなく実現されるよう、単元や題材など内容や時間のまとまりを見通しながら、生徒の主体的・対話的で深い学びの実現に向けた授業改善を行うこと。

特に、各教科等において身に付けた知識及び技能を活用したり、思考力、判断力、表現力等や学びに向かう力、人間性等を発揮させたりして、学習の対象となる物事を捉え思考することにより、各教科等の特質に応じた物事を捉える視点や考え方（以下「見方・考え方」という。）が鍛えられていくことに留意し、生徒が各教科等の特質に応じた見方・考え方を働かせながら、知識を相互に関連付けてより深く理解したり、情報を精査して考えを形成したり、問題を見いだして解決策を考えたり、思いや考えを基に創造したりすることに向かう過程を重視した学習の充実を図ること。

(2) 第2の2の(1)に示す言語能力の育成を図るため、各学校において必要な言語環境を整えるとともに、国語科を要としつつ各教科等の特質に応じて、生徒の言語活動を充実すること。あわせて、(7)に示すとおり読書活動を充実すること。

(3) 第2の2の(1)に示す情報活用能力の育成を図るため、各学校において、コンピュータや情報通信ネットワークなどの情報手段を活用するために必要な環境を整え、これらを適切に活用した学習活動の充実を図ること。また、各種の統計資料や新聞、視聴覚教材や教育機器などの教材・教具の適切な活用を図ること。

(4)　生徒が学習の見通しを立てたり学習したことを振り返ったりする活動を、計画的に取り入れるように工夫すること。

(5)　生徒が生命の有限性や自然の大切さ、主体的に挑戦してみることや多様な他者と協働することの重要性などを実感しながら理解することができるよう、各教科等の特質に応じた体験活動を重視し、家庭や地域社会と連携しつつ体系的・継続的に実施できるよう工夫すること。

(6)　生徒が自ら学習課題や学習活動を選択する機会を設けるなど、生徒の興味・関心を生かした自主的、自発的な学習が促されるよう工夫すること。

(7)　学校図書館を計画的に利用しその機能の活用を図り、生徒の主体的・対話的で深い学びの実現に向けた授業改善に生かすとともに、生徒の自主的、自発的な学習活動や読書活動を充実すること。また、地域の図書館や博物館、美術館、劇場、音楽堂等の施設の活用を積極的に図り、資料を活用した情報の収集や鑑賞等の学習活動を充実すること。

2　学習評価の充実

学習評価の実施に当たっては、次の事項に配慮するものとする。

(1)　生徒のよい点や進歩の状況などを積極的に評価し、学習したことの意義や価値を実感できるようにすること。また、各教科等の目標の実現に向けた学習状況を把握する観点から、単元や題材など内容や時間のまとまりを見通しながら評価の場面や方法を工夫して、学習の過程や成果を評価し、指導の改善や学習意欲の向上を図り、資質・能力の育成に生かすようにすること。

(2)　創意工夫の中で学習評価の妥当性や信頼性が高められるよう、組織的かつ計画的な取組を推進するとともに、学年や学校段階を越えて生徒の学習の成果が円滑に接続されるように工夫すること。

第4　生徒の発達の支援

1　生徒の発達を支える指導の充実

教育課程の編成及び実施に当たっては、次の事項に配慮するものとする。

(1)　学習や生活の基盤として、教師と生徒との信頼関係及び生徒相互のよりよい人間関係を育てるため、日頃から学級経営の充実を図ること。また、主に集団の場面で必要な指導や援助を行うガイダンスと、個々の生

徒の多様な実態を踏まえ、一人一人が抱える課題に個別に対応した指導を行うカウンセリングの双方により、生徒の発達を支援すること。
(2) 生徒が、自己の存在感を実感しながら、よりよい人間関係を形成し、有意義で充実した学校生活を送る中で、現在及び将来における自己実現を図っていくことができるよう、生徒理解を深め、学習指導と関連付けながら、生徒指導の充実を図ること。
(3) 生徒が、学ぶことと自己の将来とのつながりを見通しながら、社会的・職業的自立に向けて必要な基盤となる資質・能力を身に付けていくことができるよう、特別活動を要としつつ各教科等の特質に応じて、キャリア教育の充実を図ること。その中で、生徒が自らの生き方を考え主体的に進路を選択することができるよう、学校の教育活動全体を通じ、組織的かつ計画的な進路指導を行うこと。
(4) 生徒が、基礎的・基本的な知識及び技能の習得も含め、学習内容を確実に身に付けることができるよう、生徒や学校の実態に応じ、個別学習やグループ別学習、繰り返し学習、学習内容の習熟の程度に応じた学習、生徒の興味・関心等に応じた課題学習、補充的な学習や発展的な学習などの学習活動を取り入れることや、教師間の協力による指導体制を確保することなど、指導方法や指導体制の工夫改善により、個に応じた指導の充実を図ること。その際、第3の1の(3)に示す情報手段や教材・教具の活用を図ること。
2 特別な配慮を必要とする生徒への指導
(1) 障害のある生徒などへの指導
ア 障害のある生徒などについては、特別支援学校等の助言又は援助を活用しつつ、個々の生徒の障害の状態等に応じた指導内容や指導方法の工夫を組織的かつ計画的に行うものとする。
イ 特別支援学級において実施する特別の教育課程については、次のとおり編成するものとする。
(ア) 障害による学習上又は生活上の困難を克服し自立を図るため、特別支援学校小学部・中学部学習指導要領第7章に示す自立活動を取り入れること。
(イ) 生徒の障害の程度や学級の実態等を考慮の上、各教科の目標や内容を下学年の教科の目標や内容に替えたり、各教科を、知的障害者

である生徒に対する教育を行う特別支援学校の各教科に替えたりするなどして、実態に応じた教育課程を編成すること。

ウ　障害のある生徒に対して、通級による指導を行い、特別の教育課程を編成する場合には、特別支援学校小学部・中学部学習指導要領第7章に示す自立活動の内容を参考とし、具体的な目標や内容を定め、指導を行うものとする。その際、効果的な指導が行われるよう、各教科等と通級による指導との関連を図るなど、教師間の連携に努めるものとする。

エ　障害のある生徒などについては、家庭、地域及び医療や福祉、保健、労働等の業務を行う関係機関との連携を図り、長期的な視点で生徒への教育的支援を行うために、個別の教育支援計画を作成し活用することに努めるとともに、各教科等の指導に当たって、個々の生徒の実態を的確に把握し、個別の指導計画を作成し活用することに努めるものとする。特に、特別支援学級に在籍する生徒や通級による指導を受ける生徒については、個々の生徒の実態を的確に把握し、個別の教育支援計画や個別の指導計画を作成し、効果的に活用するものとする。

(2)　海外から帰国した生徒などの学校生活への適応や、日本語の習得に困難のある生徒に対する日本語指導

ア　海外から帰国した生徒などについては、学校生活への適応を図るとともに、外国における生活経験を生かすなどの適切な指導を行うものとする。

イ　日本語の習得に困難のある生徒については、個々の生徒の実態に応じた指導内容や指導方法の工夫を組織的かつ計画的に行うものとする。特に、通級による日本語指導については、教師間の連携に努め、指導についての計画を個別に作成することなどにより、効果的な指導に努めるものとする。

(3)　不登校生徒への配慮

ア　不登校生徒については、保護者や関係機関と連携を図り、心理や福祉の専門家の助言又は援助を得ながら、社会的自立を目指す観点から、個々の生徒の実態に応じた情報の提供その他の必要な支援を行うものとする。

イ　相当の期間中学校を欠席し引き続き欠席すると認められる生徒を対

象として、文部科学大臣が認める特別の教育課程を編成する場合には、生徒の実態に配慮した教育課程を編成するとともに、個別学習やグループ別学習など指導方法や指導体制の工夫改善に努めるものとする。

(4) 学齢を経過した者への配慮

ア　夜間その他の特別の時間に授業を行う課程において学齢を経過した者を対象として特別の教育課程を編成する場合には、学齢を経過した者の年齢、経験又は勤労状況その他の実情を踏まえ、中学校教育の目的及び目標並びに第2章以下に示す各教科等の目標に照らして、中学校教育を通じて育成を目指す資質・能力を身に付けることができるようにするものとする。

イ　学齢を経過した者を教育する場合には、個別学習やグループ別学習など指導方法や指導体制の工夫改善に努めるものとする。

第5　学校運営上の留意事項

1　教育課程の改善と学校評価、教育課程外の活動との連携等

ア　各学校においては、校長の方針の下に、校務分掌に基づき教職員が適切に役割を分担しつつ、相互に連携しながら、各学校の特色を生かしたカリキュラム・マネジメントを行うよう努めるものとする。また、各学校が行う学校評価については、教育課程の編成、実施、改善が教育活動や学校運営の中核となることを踏まえつつ、カリキュラム・マネジメントと関連付けながら実施するよう留意するものとする。

イ　教育課程の編成及び実施に当たっては、学校保健計画、学校安全計画、食に関する指導の全体計画、いじめの防止等のための対策に関する基本的な方針など、各分野における学校の全体計画等と関連付けながら、効果的な指導が行われるように留意するものとする。

ウ　教育課程外の学校教育活動と教育課程の関連が図られるように留意するものとする。特に、生徒の自主的、自発的な参加により行われる部活動については、スポーツや文化、科学等に親しませ、学習意欲の向上や責任感、連帯感の涵養等、学校教育が目指す資質・能力の育成に資するものであり、学校教育の一環として、教育課程との関連が図られるよう留意すること。その際、学校や地域の実態に応じ、地域の人々の協力、社会教育施設や社会教育関係団体等の各種団体との連携

などの運営上の工夫を行い、持続可能な運営体制が整えられるように
するものとする。
2　家庭や地域社会との連携及び協働と学校間の連携
　　教育課程の編成及び実施に当たっては、次の事項に配慮するものとする。
　　　ア　学校がその目的を達成するため、学校や地域の実態等に応じ、教
　　　育活動の実施に必要な人的又は物的な体制を家庭や地域の人々の協力
　　　を得ながら整えるなど、家庭や地域社会との連携及び協働を深めるこ
　　　と。また、高齢者や異年齢の子供など、地域における世代を越えた交
　　　流の機会を設けること。
　　　イ　他の中学校や、幼稚園、認定こども園、保育所、小学校、高等学校、
　　　特別支援学校などとの間の連携や交流を図るとともに、障害のある幼
　　　児児童生徒との交流及び共同学習の機会を設け、共に尊重し合いなが
　　　ら協働して生活していく態度を育むよう努めること。

第6　道徳教育に関する配慮事項

　道徳教育を進めるに当たっては、道徳教育の特質を踏まえ、前項までに示
す事項に加え、次の事項に配慮するものとする。
1　各学校においては、第1の2の(2)に示す道徳教育の目標を踏まえ、道徳
　教育の全体計画を作成し、校長の方針の下に、道徳教育の推進を主に担当
　する教師（以下「道徳教育推進教師」という。）を中心に、全教師が協力して
　道徳教育を展開すること。なお、道徳教育の全体計画の作成に当たっては、
　生徒や学校、地域の実態を考慮して、学校の道徳教育の重点目標を設定す
　るとともに、道徳科の指導方針、第3章特別の教科道徳の第2に示す内容
　との関連を踏まえた各教科、総合的な学習の時間及び特別活動における指
　導の内容及び時期並びに家庭や地域社会との連携の方法を示すこと。
2　各学校においては、生徒の発達の段階や特性等を踏まえ、指導内容の重
　点化を図ること。その際、小学校における道徳教育の指導内容を更に発展
　させ、自立心や自律性を高め、規律ある生活をすること、生命を尊重する
　心や自らの弱さを克服して気高く生きようとする心を育てること、法やき
　まりの意義に関する理解を深めること、自らの将来の生き方を考え主体的
　に社会の形成に参画する意欲と態度を養うこと、伝統と文化を尊重し、そ
　れらを育んできた我が国と郷土を愛するとともに、他国を尊重すること、

国際社会に生きる日本人としての自覚を身に付けることに留意すること。
3　学校や学級内の人間関係や環境を整えるとともに、職場体験活動やボランティア活動、自然体験活動、地域の行事への参加などの豊かな体験を充実すること。また、道徳教育の指導内容が、生徒の日常生活に生かされるようにすること。その際、いじめの防止や安全の確保等にも資することとなるよう留意すること。
4　学校の道徳教育の全体計画や道徳教育に関する諸活動などの情報を積極的に公表したり、道徳教育の充実のために家庭や地域の人々の積極的な参加や協力を得たりするなど、家庭や地域社会との共通理解を深め、相互の連携を図ること。

第3章　特別の教科　道徳

第1　目　標

　第1章総則の第1の2の(2)に示す道徳教育の目標に基づき、よりよく生きるための基盤となる道徳性を養うため、道徳的諸価値についての理解を基に、自己を見つめ、物事を広い視野から多面的・多角的に考え、人間としての生き方についての考えを深める学習を通して、道徳的な判断力、心情、実践意欲と態度を育てる。

第2　内　容

　学校の教育活動全体を通じて行う道徳教育の要である道徳科においては、以下に示す項目について扱う。
　A　主として自分自身に関すること
　　[自主、自律、自由と責任]
　　　　自律の精神を重んじ、自主的に考え、判断し、誠実に実行してその結果に責任をもつこと。
　　[節度、節制]
　　　　望ましい生活習慣を身に付け、心身の健康の増進を図り、節度を守り節制に心掛け、安全で調和のある生活をすること。
　　[向上心、個性の伸長]

　　自己を見つめ、自己の向上を図るとともに、個性を伸ばして充実し
　た生き方を追求すること。
　［希望と勇気、克己と強い意志］
　　　より高い目標を設定し、その達成を目指し、希望と勇気をもち、困
　難や失敗を乗り越えて着実にやり遂げること。
　［真理の探究、創造］
　　　真実を大切にし、真理を探究して新しいものを生み出そうと努める
　こと。
Ｂ　主として人との関わりに関すること
　［思いやり、感謝］
　　　思いやりの心をもって人と接するとともに、家族などの支えや多く
　の人々の善意により日々の生活や現在の自分があることに感謝し、進
　んでそれに応え、人間愛の精神を深めること。
　［礼儀］
　　　礼儀の意義を理解し、時と場に応じた適切な言動をとること。
　［友情、信頼］
　　　友情の尊さを理解して心から信頼できる友達をもち、互いに励まし
　合い、高め合うとともに、異性についての理解を深め、悩みや葛藤も
　経験しながら人間関係を深めていくこと。
　［相互理解、寛容］
　　　自分の考えや意見を相手に伝えるとともに、それぞれの個性や立場
　を尊重し、いろいろなものの見方や考え方があることを理解し、寛容
　の心をもって謙虚に他に学び、自らを高めていくこと。
Ｃ　主として集団や社会との関わりに関すること
　［遵法精神、公徳心］
　　　法やきまりの意義を理解し、それらを進んで守るとともに、そのよ
　りよい在り方について考え、自他の権利を大切にし、義務を果たして、
　規律ある安定した社会の実現に努めること。
　［公正、公平、社会正義］
　　　正義と公正さを重んじ、誰に対しても公平に接し、差別や偏見のな
　い社会の実現に努めること。
　［社会参画、公共の精神］

社会参画の意識と社会連帯の自覚を高め、公共の精神をもってより
　よい社会の実現に努めること。
　［勤労］
　　勤労の尊さや意義を理解し、将来の生き方について考えを深め、勤
　労を通じて社会に貢献すること。
　［家族愛、家庭生活の充実］
　　父母、祖父母を敬愛し、家族の一員としての自覚をもって充実した
　家庭生活を築くこと。
　［よりよい学校生活、集団生活の充実］
　　教師や学校の人々を敬愛し、学級や学校の一員としての自覚をもち、
　協力し合ってよりよい校風をつくるとともに、様々な集団の意義や集
　団の中での自分の役割と責任を自覚して集団生活の充実に努めること。
　［郷土の伝統と文化の尊重、郷土を愛する態度］
　　郷土の伝統と文化を大切にし、社会に尽くした先人や高齢者に尊敬
　の念を深め、地域社会の一員としての自覚をもって郷土を愛し、進ん
　で郷土の発展に努めること。
　［我が国の伝統と文化の尊重、国を愛する態度］
　　優れた伝統の継承と新しい文化の創造に貢献するとともに、日本人
　としての自覚をもって国を愛し、国家及び社会の形成者として、その
　発展に努めること。
　［国際理解、国際貢献］
　　世界の中の日本人としての自覚をもち、他国を尊重し、国際的視野
　に立って、世界の平和と人類の発展に寄与すること。
Ｄ　主として生命や自然、崇高なものとの関わりに関すること
　［生命の尊さ］
　　生命の尊さについて、その連続性や有限性なども含めて理解し、か
　けがえのない生命を尊重すること。
　［自然愛護］
　　自然の崇高さを知り、自然環境を大切にすることの意義を理解し、
　進んで自然の愛護に努めること。
　［感動、畏敬の念］
　　美しいものや気高いものに感動する心をもち、人間の力を超えたも

のに対する畏敬の念を深めること。

　［よりよく生きる喜び］

　　　人間には自らの弱さや醜さを克服する強さや気高く生きようとする
　　心があることを理解し、人間として生きることに喜びを見いだすこと。

第3　指導計画の作成と内容の取扱い

1　各学校においては、道徳教育の全体計画に基づき、各教科、総合的な学
　習の時間及び特別活動との関連を考慮しながら、道徳科の年間指導計画を
　作成するものとする。なお、作成に当たっては、第2に示す内容項目につ
　いて、各学年において全て取り上げることとする。その際、生徒や学校の
　実態に応じ、3学年間を見通した重点的な指導や内容項目間の関連を密に
　した指導、一つの内容項目を複数の時間で扱う指導を取り入れるなどの工
　夫を行うものとする。

2　第2の内容の指導に当たっては、次の事項に配慮するものとする。

　(1)　学級担任の教師が行うことを原則とするが、校長や教頭などの参加、
　　他の教師との協力的な指導などについて工夫し、道徳教育推進教師を中
　　心とした指導体制を充実すること。

　(2)　道徳科が学校の教育活動全体を通じて行う道徳教育の要としての役割
　　を果たすことができるよう、計画的・発展的な指導を行うこと。特に、
　　各教科、総合的な学習の時間及び特別活動における道徳教育としては取
　　り扱う機会が十分でない内容項目に関わる指導を補うことや、生徒や学
　　校の実態等を踏まえて指導をより一層深めること、内容項目の相互の関
　　連を捉え直したり発展させたりすることに留意すること。

　(3)　生徒が自ら道徳性を養う中で、自らを振り返って成長を実感したり、
　　これからの課題や目標を見付けたりすることができるよう工夫すること。
　　その際、道徳性を養うことの意義について、生徒自らが考え、理解し、
　　主体的に学習に取り組むことができるようにすること。また、発達の段
　　階を考慮し、人間としての弱さを認めながら、それを乗り越えてよりよ
　　く生きようとすることのよさについて、教師が生徒と共に考える姿勢を
　　大切にすること。

　(4)　生徒が多様な感じ方や考え方に接する中で、考えを深め、判断し、表
　　現する力などを育むことができるよう、自分の考えを基に討論したり書

いたりするなどの言語活動を充実すること。その際、様々な価値観について多面的・多角的な視点から振り返って考える機会を設けるとともに、生徒が多様な見方や考え方に接しながら、更に新しい見方や考え方を生み出していくことができるよう留意すること。

(5) 生徒の発達の段階や特性等を考慮し、指導のねらいに即して、問題解決的な学習、道徳的行為に関する体験的な学習等を適切に取り入れるなど、指導方法を工夫すること。その際、それらの活動を通じて学んだ内容の意義などについて考えることができるようにすること。また、特別活動等における多様な実践活動や体験活動も道徳科の授業に生かすようにすること。

(6) 生徒の発達の段階や特性等を考慮し、第2に示す内容との関連を踏まえつつ、情報モラルに関する指導を充実すること。また、例えば、科学技術の発展と生命倫理との関係や社会の持続可能な発展などの現代的な課題の取扱いにも留意し、身近な社会的課題を自分との関係において考え、その解決に向けて取り組もうとする意欲や態度を育てるよう努めること。なお、多様な見方や考え方のできる事柄について、特定の見方や考え方に偏った指導を行うことのないようにすること。

(7) 道徳科の授業を公開したり、授業の実施や地域教材の開発や活用などに家庭や地域の人々、各分野の専門家等の積極的な参加や協力を得たりするなど、家庭や地域社会との共通理解を深め、相互の連携を図ること。

3 教材については、次の事項に留意するものとする。

(1) 生徒の発達の段階や特性、地域の実情等を考慮し、多様な教材の活用に努めること。特に、生命の尊厳、社会参画、自然、伝統と文化、先人の伝記、スポーツ、情報化への対応等の現代的な課題などを題材とし、生徒が問題意識をもって多面的・多角的に考えたり、感動を覚えたりするような充実した教材の開発や活用を行うこと。

(2) 教材については、教育基本法や学校教育法その他の法令に従い、次の観点に照らし適切と判断されるものであること。

ア 生徒の発達の段階に即し、ねらいを達成するのにふさわしいものであること。

イ 人間尊重の精神にかなうものであって、悩みや葛藤等の心の揺れ、人間関係の理解等の課題も含め、生徒が深く考えることができ、人間

としてよりよく生きる喜びや勇気を与えられるものであること。

　ウ　多様な見方や考え方のできる事柄を取り扱う場合には、特定の見方や考え方に偏った取扱いがなされていないものであること。

4　生徒の学習状況や道徳性に係る成長の様子を継続的に把握し、指導に生かすよう努める必要がある。ただし、数値などによる評価は行わないものとする。

学習指導案の事例

教科（理科）学習指導案

指導者名 ○○○○

教育実習生 氏名 ○○○○

1 日時・時限：○年○月○日 ○時限
2 学年組・人数：第2学年 1組 45名（男子 26名、女子 19名）
3 使用教科書：『新しい科学』第1分野（上）pp. ○～○（○○書籍）
4 単元名：「物質と原子」（大単元）の中の「純粋な物質と混合物」
5 指導目標：実験を通じて、物質の特性である沸点・融点を学び、その特性を利用して、混合物から純粋な物質を取り出す方法を理解させる。また、実験の基礎的な操作を習得させる。
6 時間配当：
   第1時 純粋な物質と混合物
   第2時 実験：物質の状態と融点・沸点
   第3時 混合物から純粋な物質をとりだすには（本時）
   第4時 再結晶
7 本時単元：混合物から純粋な物質をとりだすには
8 本時の目標：
   ・混合物から純粋な物質をとりだす方法として、ろ過・蒸留があることを理解させる。
   ・ろ過の基礎的な操作を把握させる。
9 評価の基準
   「知識・技能」（①）
   「思考・判断・表現」（②）
   「主体的に学習に取り組む態度」（③）

10　本時の学習展開

過程	学 習 内 容	生徒の学習活動	教師の支援と指導上の留意点	評価の基準	時間
導入	・前の時間の復習をする。	・物質の特性である沸点と融点が物質の形態の境目の温度であることを確認する。	・前時で学んだことを確認させ、物質の特性が何であったのかを理解させる。	・沸点と融点に対する理解（質問法）（①）	10分
	・本時の目標を理解する。	・混合物から純粋な物質を取り出す方法についていろいろと考えてみる。	・身近な混合物を自由に発表させることによって、逆に日常では純粋な物質はあまり存在しないことに気づかせる（教師の発問が重要となる）。	・子どもたちに思考の逆転が起こっているか（②）。	
展開	・混合物から純粋な物質を取り出す方法を確認する。	・混合物から純粋な物質を取り出すにはろ過や蒸留などの方法があることを理解する。	・混合物から純粋な物質を取り出す方法を他の人と話し合ったり、教科書を参考にしたりして考えさせ、発表させる。	・明確な発表が行えるか（③）。 ・蒸留のイメージがつかめたか（③）。	30分
	・ろ過の方法を理解する。	・細かい砂や泥で濁った液体をろ過する。	・教師が提示する濁った液体を提示し、混合物であることを確認させる。		
	・蒸留の方法を理解する。	・個体の物質が解けている水を熱していくと水だけが蒸発し、その水蒸気を集めて冷やせば純粋な水が取り出せることを理解する（教科書）。	・教科書を参考にして蒸留の方法を理解させる。	・ろ過の基礎的な操作が正しく理解できたか（チェック法）（①）	

	・ろ過の演示実験を行う。 ・蒸留装置の仕組みを理解する。	・ろ紙の選び方、ろ紙のおり方、ろ紙をロートにつける方法、液体の注入方法など、ろ過の基礎的な操作の説明を受ける。 ・第2時で行った実験が蒸留であったことを教科書から理解する。	・教師が演示実験をした後、生徒にも実験をさせるので、模範的な方法を示すように注意する。 ・前時で行った実験の意味を教科書で再度確認させる。		
まとめ	・混合物から純粋な物質を取り出す方法を確認する。	・混合物から純粋な物質を取り出す方法として、ろ過と蒸留があり、何を取り出すかによって方法が違うことを理解する。	・海水をろ過しても純粋な水が取り出せないことを説明する。 ・生徒にろ過と蒸留との違いをしっかり確認させる。	・実験と教科書を通して課題が理解できたか（①）。	10分

新たな時代に向けた教員養成の改善方針について
（教育職員養成審議会・第1次答申：平成9年）

1 教員に求められる資質能力と教職課程の役割

1．教員に求められる資質能力

諮問における検討事項に対する本審議会の見解を明らかにするに先立ち、その前提となる「教員に求められる資質能力」について検討してみることとしたい。

(1) いつの時代も教員に求められる資質能力

昭和62年12月18日付けの本審議会答申「教員の資質能力の向上方策等について」（以下「昭和62年答申」という。）の記述（注）等をもとに考えてみると、教員の資質能力とは、一般に、「専門的職業である『教職』に対する愛着、誇り、一体感に支えられた知識、技能等の総体」といった意味内容を有するもので、「素質」とは区別され後天的に形成可能なものと解される。

昭和62年答申に掲げられた資質能力は教員である以上いつの時代にあっても一般的に求められるものであると考えるが、このような一般的資質能力を前提としつつ、今日の社会の状況や学校・教員を巡る諸問題を踏まえたとき、今後特に教員に求められる資質能力は、具体的にどのようなものであろうか。

  （注）「学校教育の直接の担い手である教員の活動は、人間の心身の発達にかかわるものであり、幼児・児童・生徒の人格形成に大きな影響を及ぼすものである。このような専門職としての教員の職責にかんがみ、教員については、教育者としての使命感、人間の成長・発達についての深い理解、幼児・児童・生徒に対する教育的愛情、教科等に関する専門的知識、広く豊かな教養、そしてこれらを基盤とした実践的指導力が必要である」（昭和62年答申「はじめに」）など。

(2) 今後特に教員に求められる具体的資質能力

これからの教員には、変化の激しい時代にあって、子どもたちに［生きる力］を育む教育を授けることが期待される。そのような観点から、今後特に教員に求められる資質能力の具体例を、上記（1）に掲げた一般的資質能力との重複や事項間の若干の重複をいとわず図式的に整理してみると、概ね以

下の［参考図］のようになると考える。

　すなわち、未来に生きる子どもたちを育てる教員には、まず、地球や人類の在り方を自ら考えるとともに、培った幅広い視野を教育活動に積極的に生かすことが求められる。さらに、教員という職業自体が社会的に特に高い人格・識見を求められる性質のものであることから、教員は変化の時代を生きる社会人に必要な資質能力をも十分に兼ね備えていなければならず、これらを前提に、当然のこととして、教職に直接関わる多様な資質能力を有することが必要と考える。

　［参考図］今後特に教員に求められる具体的資質能力の例

地球的視野に立って行動するための資質能力
　　──地球、国家、人間等に関する適切な理解
　　　　例：地球観、国家観、人間観、個人と地球や国家の関係についての
　　　　　　適切な理解、社会・集団における規範意識
　　──豊かな人間性
　　　　例：人間尊重・人権尊重の精神、男女平等の精神、思いやりの心、
　　　　　　ボランティア精神
　　──国際社会で必要とされる基本的資質能力
　　　　例：考え方や立場の相違を受容し多様な価値観を尊重する態度、国
　　　　　　際社会に貢献する態度、自国や地域の歴史・文化を理解し尊重
　　　　　　する態度
変化の時代を生きる社会人に求められる資質能力
　　──課題解決能力等に関わるもの
　　　　例：個性、感性、創造力、応用力、論理的思考力、課題解決能力、
　　　　　　継続的な自己教育力
　　──人間関係に関わるもの
　　　　例：社会性、対人関係能力、コミュニケーション能力、ネットワー
　　　　　　キング能力
　　──社会の変化に適応するための知識及び技能
　　　　例：自己表現能力（外国語のコミュニケーション能力を含む。）、メディ
　　　　　　ア・リテラシー、基礎的なコンピュータ活用能力

教員の職務から必然的に求められる資質能力
 ——幼児・児童・生徒や教育の在り方に関する適切な理解
   例：幼児・児童・生徒観、教育観（国家における教育の役割についての理解を含む。）
 ——教職に対する愛着、誇り、一体感
   例：教職に対する情熱・使命感、子どもに対する責任感や興味・関心
 ——教科指導、生徒指導等のための知識、技能及び態度
   例：教職の意義や教員の役割に関する正確な知識、子どもの個性や課題解決能力を生かす能力、子どもを思いやり感情移入できること、カウンセリング・マインド、困難な事態をうまく処理できる能力、地域・家庭との円滑な関係を構築できる能力

 教員に求められる資質能力は、語る人によってその内容や強調される点が区々であり、それらすべてを網羅的に掲げることは不可能であるが、今日の社会の状況や学校・教員を巡る諸課題を念頭に置くと、主として上記のようなものを例示的に挙げ得るものと考える。

(3) 得意分野を持つ個性豊かな教員の必要性

 このように教員には多様な資質能力が求められ、教員一人一人がこれらについて最小限必要な知識、技能等を備えることが不可欠である。しかしながら、すべての教員が一律にこれら多様な資質能力を高度に身に付けることを期待しても、それは現実的ではない。

 むしろ学校では、多様な資質能力を持つ個性豊かな人材によって構成される教員集団が連携・協働することにより、学校という組織全体として充実した教育活動を展開すべきものと考える。また、いじめや登校拒否の問題をはじめとする現在の学校を取り巻く問題の複雑さ・困難さの中では、学校と家庭や地域社会との協力、教員とそれ以外の専門家（学校医、スクール・カウンセラー等）との連携・協働が一層重要なものとなることから、専門家による日常的な指導・助言・援助の体制整備や学校と専門機関との連携の確保などを今後更に積極的に進める必要がある。

 さらに、教員一人一人の資質能力は決して固定的なものでなく、変化し、成長が可能なものであり、それぞれの職能、専門分野、能力・適性、興味・

関心等に応じ、生涯にわたりその向上が図られる必要がある。教員としての力量の向上は、日々の教育実践や教員自身の研鑽により図られるのが基本であるが、任命権者等が行う研修もまた極めて重要である。現職研修の体系や機会は着実に整備されつつあるが、今後一層の充実が期待される。

このようなことを踏まえれば、今後における教員の資質能力の在り方を考えるに当たっては、画一的な教員像を求めることは避け、生涯にわたり資質能力の向上を図るという前提に立って、全教員に共通に求められる基礎的・基本的な資質能力を確保するとともに、さらに積極的に各人の得意分野づくりや個性の伸長を図ることが大切である。結局は、このことが学校に活力をもたらし、学校の教育力を高めることに資するものと考える。

三つの中教審答申から見える教師の専門的力量
（平成27年12月21日　中教審答申の概要）

⑴　「チームとしての学校の在り方と今後の改善方策について」（中教審第185号）

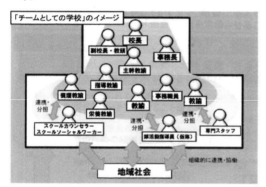

⑵　「これからの学校教育を担う教員の資質能力の向上について」（中教審第184号）

　　〜学び合い、高め合う教員育成コミュニティの構築に向けて〜

〈教師の専門的力量〉

①これまで教員として不易とされてきた資質能力に加え、自律的に学ぶ姿勢を持ち、時代の変化や自らのキャリアステージに応じて求められる資質能力を生涯にわたって高めていくことのできる力や、情報を適切に収集し、選択し、活用する能力や知識を有機的に結びつけ構造化する力。

②アクティブ・ラーニング（以下、AL）の視点からの授業改善、道徳教育の充実、小学校における外国語教育の早期化・教科化、ICTの活用、発達障害を含む特別な支援を必要とする児童生徒等への対応などの新たな課題に対応できる力量　⇒　新しい学習方法と幼児・児童・生徒指導への対応の能力

③「チーム学校」の考えの下、多様な専門性を持つ人材と効果的に連携・分担組織的・協働的に諸課題の解決に取り組む力。

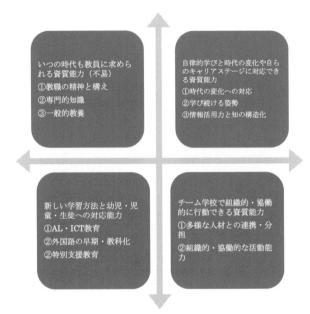

（3） 「新しい時代の教育や地方創生の実現に向けた学校と地域の連携・協働の在り方と今後の推進方策について」（中教審第186号）

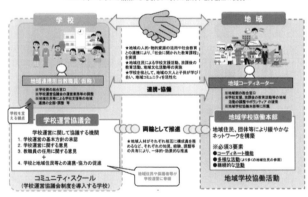

チーム学校の教育課題

戦後、かつては信頼と尊敬の対象であった教師の権威の正当性が次第に失

われていく中で、教員養成政策の「要」となるものとして、教師の専門的力量形成が重要な課題となってきて久しい。

　1997年の教養審答申の「不易」と「流行」は、近年の教育養成教育を考える上で指針となるものであった。特にここで取り上げられた教員の専門的な資質能力の育成は、教職大学院や教員免許更新講習のカリキュラム編成にも大きな影響を与えてきたと言ってよいであろう。そこには、個々の教師の専門的力量を高め、多様で複雑な教育問題や学校教育環境に対処できる優れた教師を育成するというコンセプトがあった。そしてそれを実現させるために様々な施策が展開されてきたと言ってよい。

　ところが、2015（平成27）年の12月21日に出された次の三つの中教審答申は、従来のコンセプトにはないものが大幅に盛り込まれていることに注意を向ける必要がある。それが、すでに指摘してきたように三つの答申である。①「これからの学校教育を担う教員の資質能力の向上について〜学び合い、高め合う教員育成コミュニティの構築に向けて〜（答申）」（中教審184号）、②「チームとしての学校の在り方と今後の改善方策について（答申）」（中教審185号）、③「新しい時代の教育や地方創生の実現に向けた学校と地域の連携・協働の在り方と今後の推進方策について（答申）」（中教審186号）である。この中でも②の答申（以下、チーム学校答申）は、同時期に並行して審議されていた次期学習指導要領の教育課題を実現させるために、どのような学校組織や地域連携を進めればいいのかを提示したものである。しかも教師の専門的力量の問題は、スクールマネジメントの改編との関わりの中で提言されており、こうしたスタイルはこれまでにはあまり見られなかったものである。

　1997年の教養審答申にも見られるように、従来は個々の教師の力量形成の問題に集約される傾向性があったが、学校や地域社会との連携まで視野に入れたマネジメントの視点も重視されている。特にチーム学校答申で注目したいのは、教師は「教科指導」や「生徒指導」に力を入れられるようにするため、学校教育をめぐる多様な問題に対しては、教師と他の分野の専門家との連携・協働によって対応していくことが指摘されている点である。より具体的には、教育問題に関してスクールカウンセラーやスクールソーシャルワーカーと、養護教諭や栄養教諭等、さらに課外活動については部活動指導員（仮称）との役割の連携・分担を図ることである。

　さらに、教師に対する不当な要求に対する問題解決のためには、弁護士等

による支援チームを教育委員会に設置することも求められている。家庭や地域社会との連携や協力のためには、全国的にも徐々に広まりつつある学校運営協議会制度を導入する「コミュニティスクール」を活用して、チームとしての学校を支える体制づくりを推奨している。また③の答申と連動する形で、地域社会との連携に関しても改善方策が提言されており、地域住民や団体等による緩やかなネットワークを構築し「地域学校協働本部」を設置して、学校におかれる地域連携担当教職員との連携・協働を強化することが提言されている。

　このように三つの答申においては、これまではどちらかといえば現代社会の大きな変容の中で学校の機能や教師の役割を高め、対応しようとする傾向が強かった文教政策の方向性を、チーム学校と地域社会との連携・協働を強めていくことによって教育を取り巻く諸問題を解決していこうとする方向へと転換させていくことが目指されていると言ってよいであろう。

　このような広い視野に立った教育改革の中で、①の答申においては教師の専門的力量形成として、以下の三つが掲げられている。

〇これまで教員として不易とされてきた資質能力に加え、自律的に学ぶ姿勢を持ち、時代の変化や自らのキャリアステージに応じて求められる資質能力を生涯にわたって高めていくことのできる力や、情報を適切に収集し、選択し、活用する能力や知識を有機的に結びつけ構造化する力。

〇アクティブ・ラーニングの視点からの授業改善、道徳教育の充実、小学校における外国語教育の早期化・教科化、ＩＣＴの活用、発達障害を含む特別な支援を必要とする児童生徒等への対応などの新たな課題に対応できる力量。

〇「チーム学校」の考えの下、多様な専門性を持つ人材と効果的に連携・分担し、組織的・協働的に諸課題の解決に取り組む力。

　この三つの力量形成には、教職を取り巻く厳しい状況を、単に学校や個々の教師の資質や能力を向上させるだけではなく、学校・家庭・地域社会の新たな連携・協働の体制を通して解決させようとする教師に必要なものが集約されている。2020（平成32）年度の小学校から順次始まる次期学習指導要領の全面実施に合わせて、教師の専門的力量形成の成果が問われるところである。

　出典：茨城大学教育学部学校教育教室編『教育の最新事情と研究の最前線』福村出版、
　　　　2018年、52〜54頁、一部省略した箇所がある）

教育学関係資料

(1) ルソー『エミール』における「子ども観」

「子ども」への二つの眼差し

① 「万物をつくる者の手をはなれるときすべてはよいものであるが、人間の手にうつるとすべてが悪くなる。人間はある土地にほかの土地の産物をつくらせたり、ある木にほかの木の実をならせたりする。風土、環境、季節をごちゃまぜにする。犬、馬、奴隷をかたわにする。すべてのものをひっくりかえし、すべてのものの形を変える……」

② 「……ほんとうに求められる自然の必要物と、気まぐれによる欲望とを注意深く見極めることが必要だ……やたらに拒絶してはならないが、いったん拒絶したら、決してそれを取り消してはならない。」

独自な教育空間と教育の必要性

① 「……やさしく、先見の明ある母よ、わたしはあなたにうったえる。若い植物が枯れないように、それを育て、水をそそぎなさい。その木が結ぶ果実は、いつかあなたに大きな喜びをもたらすだろう。あなたの子どもの魂のまわりに、はやく垣根をめぐらせなさい。」

② 「……わたしたちは弱い者として生まれる。わたしたちには力が必要だ。わたしたちは何ももたずに生まれる……大人になって必要となるものは、すべて教育によってあたえられる。」

出典：ルソー『エミール（上）』岩波文庫、1962年。原文を参照し、改訳した箇所がある。

(2) 18世紀の子どもの状況

18世紀の子どもの境遇

① 「……例をあげると、農民にとってゆりかごは、子どもの意識を失わせる道具であった。目覚めやすい子どもは、たいてい意識をなくならせられ強制的に眠らされていた。『田舎の習わしは危険きわまりない……子どもを無理に眠らせようと、ゆりかごをひどくゆらしたり、体をもってゆすったり、高く上げて急におろしたり、大声で歌をうたったりするのである。や

がてその効果がてきめんにあらわれる。つまり、子どもは愚鈍、白痴になるのである』。」（ハンブルク近郊のシュレスリッヒの事例）

② 「……子どもをかなり長時間一人でほっておく一般的な習慣があった……子どもたちは巻き産衣にぐるぐる巻きにされ、何時間も排泄物にまみれさせられていたり、暖炉の前に放置され、服に火がついて死んでしまったり、また、誰も気をつけていなかったために飼い豚におそわれて食べられることがあちこちで見られた。」

出典：E．ショーター著／田中他共訳『近代家族の形成』昭和堂、1987年。

乳母に預けられた子どもの運命

① 「……1778年リヨン警察の長官は、悲痛な思いでこうした事実を認めている。『……屠殺業者は食用にするために首を切ることになっている牛や豚に丹念に目印をつけるというのに、人間の子どもたちは洗礼証明書も持たずに、何も書かれず、何の目印もつけられずに、その先どうなるか誰にもわからないまま。家を出て行くのだ』。」

② 「……（里子を乳母に運ぶひどい輸送状態は次のようであった）ある周旋屋は小さな馬車で赤ん坊を6人運んでいるうちに、眠ってしまい、ひとりの赤ん坊が落ちて、車輪の下敷きになって死んだことに気がつかなかった。ある仲介人は7人の赤ん坊を預かったが、ひとりなくしてしまい、その子がどうなったか、誰にも分からなかった。また、3人の赤ん坊を預かったある老女は子どもをどこへ連れていくべきかを忘れてしまった。」

出典：E・バダンテール著：鈴木晶訳『母性という神話』筑摩書房、1991年。

(3) ルソー「エミール」における育児批判

① 「子どもが母の胎内からでるとすぐに、体を動かしたり手足をのばしたりする自由が得られるとすぐに、人は子どもに新たな束縛をあたえる。産衣にくるみ、顔を固定し、足をのばさせ、腕を体のわきにたれさせて、ねかしておく。あらゆる種類のきれやひもを体にまきつけ、そのために体の向きをかえることができなくなる。息もできないくらいしめつけられていなければしあわせだ。からだを横むきにされて、口から出てくるよだれが流れおちるようにするため、頭をふりむける自由さえ与えられないだろうから」

② 「子どもをやっかいばらいして、陽気に都会の楽しみにふけっているやさしい母たちは、そのあいだに産衣にくるまれた子どもが村でどんな扱いをうけているか知っているのだろうか。ちょっとでもことが起こると子どもは古着なんかのように釘に引っかけられる。乳母がゆうゆうと用をたしているあいだに、みじめな子どもはそうして釘づけにされている。こういう状態で見られた子どもはいずれも顔が紫色になっていた。かたくしめつけられた胸は血液の循環をさまたげ、血は頭にのぼる。そしてみんなは子どもがたいへん静かになったと思っているが、子どもには声をあげる力もなくなっていたのだ……思うに、こんなことが産衣のもっとも大きな効用の一つなのだ。」

　　　　出典：『エミール（上）』岩波文庫、1962年。原文を参照し、改訳した箇所がある。

(4)　ペスタロッチーの教育実践（略年表）

1746年　　　　　スイスのチューリヒに生まれる。
1774年（28歳）ノイホーフで貧民学校を開校（『エミール』の教育論を分析）。
1780年（34歳）財力を使い果たし貧民学校閉鎖①
〈『隠者の夕暮』1780、『リーンハルトとゲルトルート』1781〜1787〉
1798年（52歳）シュタンツの孤児院開校。
1799年（53歳）ナポレオン軍侵攻により孤児院閉鎖②（青年ヘルバルトが訪問）。
　　　　　　　　〈『シュタンツ便り』1799〉
1800年（54歳）ブルクドルフ城に新構想の国民学校開設
1804年（58歳）官舎にするためブルクドルフ閉鎖③、イヴェルドンに学園開設。
1825年（79歳）学園内部抗争により学園閉鎖④
1826年（80歳）ノイホーフに戻り再び貧民学校創設を構想。
1827年（81歳）学園関係者がペスタロッチー批判を展開、2月17日亡くなる。
　　　　　　　　〈「私自身も石ころ以外の何物でもない」という遺言により墓石は石ころ一つのみ〉（1846年には改葬され、記念碑が創設される）

(5)　「援助の思想」に根差した教育支援

シュタンツの孤児たちの状況

「この施設では、浮浪児たちや、流血事件で親を亡くした孤児たちをいち早く世話する必要がありました……ダニやシラミがいる子どもたちは、誰からも相手にされていませんでした。歩くこともできないほどの疥癬病にかかっている者、頭にできものができてただれている者、ダニとシラミだらけの粗末な服を着ている者、骸骨のようにやせ細り、黄色い顔で歯をむき出しにしている者、不安に満ちた目で、不信と心配でしわだらけの顔になっている者もいました。中には厚かましく、猫かぶりの態度で物乞いをしたり、だまされることに慣れて、平気になっている者もいました。また貧しさのため疑い深い臆病者や、思いやりのかけらもない者もいたと思えば、以前は裕福で甘やかされていたので、図々しい要求を平気でする者もいました。特に彼らは、ぐるになって物乞いをする子どもや貧しい子どもを軽蔑していました。」
出典：ペスタロッチー『隠者の夕暮・シュタンツだより』岩波文庫1982年。原文を参照し、
　　　改訳した箇所がある。

「援助の思想」の教育力
①「……孤児の数は数日後には50人となり、やがて春には80人となった。ほとんどすべての子どもが、病気、傷、シラミ、嘘や盗みや、その他の汚れた習慣や悪徳を身につけていた。これを相手に、ペスタロッチーは、清潔にし、健康にし、教育しようというのである。手伝うといえばたった一人の家政婦がいただけであった。もちろん、かりに手伝いたい人がいたとしても、ペスタロッチー以外には、誰も手の出しようがなかったであろう。ペスタロッチーだけが、子どもにとって、父であり、母であり、教師であった。日夜彼は、子どもたちの中にいて朝の6時から、夜8時まで教え、その間に産業労働の手ほどきをし、衣服の洗濯や繕いの手伝いをし、子どもたちのけがと病気の看護に熱中した……子どもたちの反応は雑であり、動揺も一通りではなかったけれど、やがてペスタロッチーは、子どもたちが兄弟姉妹のように、お互い助け合って一つの楽しい社会を作っていくのを見ることができるようになった……ひとりひとりの子どもについて、ペスタロッチーには、それぞれがいかに疑いもなく神の似姿としての働きを秘めているかを繰り返し思い知らされ教えられる日々が重なるようになった。」
②「私の目は彼らの目に注がれた。彼らとともに泣き、彼らとともに笑った

　……彼らは私と共にあり、私は彼らとともにあった。彼らの食べ物は私の食べ物であり、彼らの飲み物は私の飲み物であった。私は何も持たなかった。家庭も持たず、友もなく、子どももなく、ただ彼らだけをもっていた……」

出典：村井実『ペスタロッチーとその時代』玉川大学出版部、1986年。

(6)　ペスタロッチーの「直観教授法」の具体例

　「われわれの五官でもって、はっきりそれとして捉えることのできるような著しい特徴をもっている事物の名称を私は辞書からぬき出し、その特徴を表す形容詞を並置します。

たとえば、

　　うなぎ……ヌルヌルした、ミミズ状の

　　獣の死体……死んだ、悪臭のある

　　夕暮……静かな、晴れた、涼しい、雨模様の

　　車輪……丈夫な、もろい、油だらけの

　　畠……砂地の、粘土質の、種をまいた、施肥した、肥沃な、収穫の多い、
　　　　　収穫の少ない

　次に私はやり方を逆にし、全く同じ方法で辞書からわれわれの五官を通して認知される事物の顕著な特性を示す形容詞を探し出し、これらの形容詞があらわす特性をもつ名詞をそれに並置します。たとえば、

　　丸い……球、帽子、月、太陽

　　軽い……羽毛、綿毛、空気

　　重い……金、鉛、樫材

　　暖かい……暖炉、夏の日、火炎

　　高い……塔、山、巨人、樹木

　　深い……海、湖、穴ぐら、坑

　　柔らかい……肉、ろう、バター

　　弾力のある……鋼鉄のバネ、魚肉、等々

　ところでわたしはこのような解説のための例証を挙げつくして、子どもが自分で考える余地をせばめてしまうつもりはありません。いずれの場合にも、ほんのわずかの、しかも必ず子どもの感覚に確実に触れるような例証を与えた上で、すぐに発問するのです。「さて、君はこれと同じようなものをほか

に知っているかね」と。子どもたちはたいていの場合、自分たちの経験界の中でははるかに多くの新しい例証を発見しますし、教師が思いもよらなかったような例を見い出すことも、しばしばです……」こんなふうにして子どもたちの知識の範囲は、拡大され、また明確化されますが、こうした成果は、問答教示法などでは難しいし、少なくとも百倍以上の技巧や苦労によってやっと達成できるものです。(1801年)

出典：J.H.ペスタロッチー著／長尾十三二、福田弘共訳『ゲルトルート児童教育法』明治図書、1976年。

(7)　ヘルバルトの科学的教育学
▲ヘルバルトの学校教育論の原理（ヘルバルト『一般教育学』より）
・知識詰めこみ的な授業を批判　⇒　知識や技能を伝達するだけの教育（従来の教育！？）
「教授のない教育などというものの存在を認めないし、また逆に……（中略）……教育しないいかなる教授も認めない」

・「教授」と「訓練」の関係性
ヘルバルトは、①教授の直接の目的を「興味の多面性」(学習指導)、②訓練の目的を「強固な道徳的性格」(生徒指導)とし、学校においては、「教授」と「訓練」が相互に連関し合うものでなければならないと考えていた。すなわち、教授とは、多方面へと広がっていく子どもの興味（「多面的興味」）を調和的に育成するための教師の教育的活動であり、そうした教授によって「多面的均等の興味」が引き起こされ、そのことを通して強い道徳的性格が育てられるとした。

▲教育的教授の構造

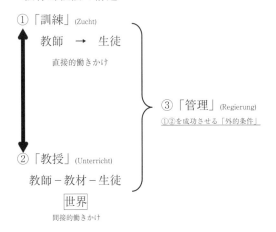

① 「訓練」(Zucht)

教師 → 生徒

直接的働きかけ

③ 「管理」(Regierung)

①②を成功させる「外的条件」

② 「教授」(Unterricht)

教師 - 教材 - 生徒

世界

間接的働きかけ

▲ヘルバルトの四段階教授法

①教授（授業）の計画化（カリキュラム化）を考えていたヘルバルトは、教授行為そのものを「段階」的に行う必要性を指摘した。それが「明瞭・連合・系統・方法」という四段階の教授法である。

「子どもの興味は、まず個々の対象を明瞭に見る（明瞭）、そして見たものを比較、吟味、結合する（連合）。これによって学習主体の認識は前進するのであり、連合はそのプロセスと言える。続いて個々の対象に関してすべての個を関係の分節として、その正しい場所において見る（系統）。最後に、系統を発展し、その新しい分節を生産し、その徹底的な応用を喚起する（方法）。

②講義の聞き手である生徒を、ただ受身にさせておき、自由にさせる事を禁止してしまうような指導は、それだけで全て抑圧的なものである。講義はそうではなくて、次に何が起こるのだろうと心ときめく活動的なものでなければならない。

▲ヘルバルト学派の五段階教授法

ヘルバルト学派（W. ライン、T. ツィラー）の五段階教授法は、明治20年代から30年代にかけて「系統学習」の代表的方法として流行した。

ラインの教授の形式段階（五段階教授法）：予備 − 提示 − 比較 − 概括 − 応用
〈理科教授の事例〉
目的の提示：今日は梅の話をし、それが何の種類に属するかを考えよう。

(1) 予備：「天満宮に行ったことがあるか」「天満宮の紋を知っているか」
「戦争の時兵糧に使ったのは何だか知っているか」等々と尋ねる。

(2) 提示：梅の絵または実物を示し、「葉はどうだ」「葉の生じ方はどうだ」
「花は？」「色は？」「花弁の数は？」等々と尋ねる。

(3) 比較：「この梅を前回の桃と比べてみよう。桃の花弁はどうだったか？」
（桜の花を示して）「この花の名は？」等々を尋ねる。

(4) 概括：（問答しながら、黒板に書く）（葉）円形、（花）白色、ピンク色、よ
い香り、（花弁）五枚……（類）薔薇類

(5) 応用：「梅の花と桜の花の主な違いは？」「梅の花はなぜ尊ばれるの
か？」「花の香りを人に例えると何に当たるのか？」「花の香りは
人の徳に当たる。梅よりも美しい花はたくさんあるが、梅の香り
がいいから尊ばれるのである」「人間も同じで、技量は格別すぐ
れていなくとも、徳が高い人は重んぜられるのは梅の花と同じで
ある」「梅の花と桜の花の比較表を作れ」「梅を観る記を作れ」

教育勅語奉読式に関する資料

(1) 勅語奉読式の形式

　①「御真影」に最敬礼　⇒　②「天皇陛下万歳」を奉祝　⇒　③『教育勅語』を奉読　⇒　④校長訓話　⇒　「君が代」斉唱

(2) 勅語奉読式の状況

「……（教育勅語が奉読され）終わるまで、一同、咳一つできないのです。時計ではかったら五分内外のものでしょうが、とても長いのです。一月、二月は一番寒いときで、咳が出たり、鼻水がたれます。でも絶対鼻をすすったり、咳することはできません……（そのため）終わったとたん、鼻すすりで講堂中がなりひびくのです。」（括弧内は引用者）
溝上泰子「わたしの歴史」（ぽるぷ自伝選集『女性の自画像』未来社、1980年）

(3) 御真影とその取扱い

　　①1899年に下付された明治天皇と皇后陛下の御真影
（佐藤秀夫『学校ことはじめ事典』小学館、1987年）

1899年に下付された明治天皇と皇后陛下の御真影

②御真影に命を捧げた教師たち

・1896年
岩手県箱崎尋常高等小学校の栃内泰吉
訓導（教員）が、津波から御真影を守
ろうとして溺死

・1898年
長野県上田小学校の久米由太郎校長
が、小学校の火事の際に御真影を焼失
させた責任を取って切腹

・1900年
神奈川県酒匂尋常高等小学校の杉坂タ
キ訓導が、関東大震災の中で御真影を
守ろうとして焼死

・1945年
福井市和田国民小学校の酒井美枝訓導
が、空襲から御真影を守ろうとして爆
死

（岩本努『「御真影」に殉じた教師たち』大月書店、1989年）

(4)　御真影と臣民

「國體」における臣民の無限責任

「『國體』という名でよばれた非宗教的宗教がどのように魔術的な力をふる
ったかという痛切な感覚は、純粋な戦後の世代にはもはやないし、またその
『魔術』にすっぽりはまってその中で、『思想の自由』を享受していた古い世
代はもともとない。しかしその魔術はけっして『思想問題』という象徴的な
名称が日本の朝野を震撼した昭和以後に、いわんや日本ファシズムが凶暴化
して以後に、突如として地下から呼び出されたのではなかった。日本のリベ
ラリズムあるいは『大正デモクラシー』の波が思想界に最高潮に達した時代
においても、それは『限界状況』において直ちにおそるべき呪縛力を露わに
したのである。

　かつて東大で教鞭を取っていた E. レーデラーは、その著『日本＝ヨーロ
ッパ』（E. Lederer, *Japan-Europa,* 1929）のなかで在日中に見聞してショックを
受けた二つの事件を語っている。一つは大正12年末におこった難波大助の摂
政宮狙撃事件（虎ノ門事件）である。彼がショックを受けたのは、この狂熱
主義者の行為そのものよりも、むしろ『その後に来るもの』であった。内閣
は辞職し、警視総監から道すじの警固に当たった警官にいたる一連の『責任
者』（とうていその凶行を防止し得る位置にいなかったことを筆者は強調している）
の系列が懲戒免官となっただけではない。犯人の父はただちに衆議院議員の
職を辞し、門前に竹矢来を張って一歩も外に出ず、郷里の全村はあげて正月
の祝を廃して「喪」に入り、大助の卒業した小学校の校長ならびに彼のクラ
スを担当した訓導も、こうした不逞の徒をかつて教育した責を負って職を辞
したのである。このような茫として果てしない責任の負い方、それをむしろ
当然とする無形の社会的圧力は、このドイツ人教授の眼には全く異様な光景
として映ったようである。もう一つ、彼があげているのは（おそらく大震災の
時のことであろう）、「御真影」を燃えさかる炎の中から取り出そうとして多
くの学校長が命を失ったことである。『進歩的なサークルからはこのように
危険な御真影は学校から遠ざけた方がよいという提議が起こった。校長を焼
死させるよりはむしろ写真を焼いた方がよいということは全く問題にならな
かった』（S.230傍点ゲシュペルト）とレーデラーは誌している。日本の天皇制
は確かにツァーリズムほど権力行使に無慈悲ではなかったかもしれない。し

かし西欧君主制はもとより、正統教会と結合した帝政ロシアにおいても、社会的責任のこのようなあり方は到底考えられなかったであろう。どちらがましかというものではない。ここに伏在する問題は近代日本の『精神』にも『機構』にもけっして無縁ではなく、また例外でもないというのである。」

（丸山真男『日本の思想』岩波新書、1961年）

「令和の日本型学校教育」の構築を目指して

文部科学省　https://www.mext.go.jp

「令和の日本型学校教育」の構築を目指して
～全ての子供たちの可能性を引き出す、個別最適な学びと、協働的な学びの実現～（答申）【概要】

令和3年1月26日
中央教育審議会

第I部 総論

1. 急激に変化する時代の中で育むべき資質・能力

- 社会の在り方が劇的に変わる「Society5.0時代」の到来
- 新型コロナウイルスの感染拡大など先行き不透明な「予測困難な時代」

新学習指導要領の着実な実施

ICTの活用

一人一人の児童生徒が、自分のよさや可能性を認識するとともに、あらゆる他者を価値のある存在として尊重し、多様な人々と協働しながら様々な社会的変化を乗り越え、豊かな人生を切り拓き、持続可能な社会の創り手となることができるようにすることが必要

2. 日本型学校教育の成り立ちと成果、直面する課題と新たな動きについて

〇成 果

- 学校が学習指導のみならず、生徒指導の面でも主要な役割を担い、児童生徒の状況を総合的に把握して教師が指導を行うことで、子供たちの知・徳・体を一体で育む「日本型学校教育」は、諸外国から高い評価
- 新型コロナウイルス感染症の感染防止のため、全国的に学校の臨時休業措置が取られたことにより再認識された学校の役割
  ①学習機会と学力の保障　②全人的な発達・成長の保障　③身体的、精神的な健康の保障（安全・安心につながる居場所・セーフティネット）

〇課 題

子供たちの意欲・関心・学習習慣等や、高い意欲や能力をもった教師やそれを支える職員の力により成果を挙げる一方、変化する社会の中で以下の課題に直面

- 本来であれば家庭や地域社会でなすべきことまでが学校に委ねられることになり、結果として学校及び教師が担うべき業務の範囲が拡大し、その負担が増大
- 子供たちの多様化（特別支援教育を受ける児童生徒や外国人児童生徒数の増加、貧困、いじめの重大事態や不登校児童生徒数の増加等）
- 生徒の学習意欲の低下
- 教師の長時間勤務による疲弊や教員採用倍率の低下、教師不足の深刻化
- 学習場面におけるデジタルデバイスの使用が低調であるなど、加速度的に進展する情報化への対応の遅れ
- 少子高齢化、人口減少による学校教育の維持とその質の保証に向けた取組の必要性
- 新型コロナウイルス感染症の感染防止策と学校教育活動の両立、今後起こり得る新たな感染症への備えとしての教室環境や指導体制等の整備

教育振興基本計画の理念（自立・協働・創造）の継承

学校における働き方改革の推進

GIGAスクール構想の実現

新学習指導要領の着実な実施

必要な改革を躊躇なく進めることで、従来の日本型学校教育を発展させ、「令和の日本型学校教育」を実現

3. 2020年代を通じて実現すべき「令和の日本型学校教育」の姿

① 個別最適な学び（「個に応じた指導」（指導の個別化と学習の個性化）を学習者の視点から整理した概念）

◆ 新学習指導要領では、「個に応じた指導」を一層重視し、指導方法や指導体制の工夫改善により、「個に応じた指導」の充実を図るとともに、コンピュータや情報通信ネットワークなどの情報手段を活用するために必要な環境を整えることが示されており、これらを適切に活用した学習活動の充実を図ることが必要

◆ GIGAスクール構想の実現による新たなICT環境の活用、少人数によるきめ細かな指導体制の整備を進め、「個に応じた指導」を充実していくことが重要

◆ その際、「主体的・対話的で深い学び」を実現し、学びの動機付けや幅広い資質・能力の育成に向けた取組が重要となり、個々の家庭の経済事情等に左右されることなく、子供たちに必要な力を育む

指導の個別化

● 基礎的・基本的な知識・技能等を確実に習得させ、思考力・判断力・表現力等や、自ら学習を調整しながら粘り強く学習に取り組む態度等を育成するため、支援が必要な子供により重点的な指導を行うことなどで効果的な指導を実現することや、子供一人一人の特性や学習進度等に応じ、指導方法・教材等の柔軟な提供・設定を行う

学習の個性化

● 基礎的・基本的な知識・技能等や情報活用能力等の学習の基盤となる資質・能力等を土台として、子供の興味・関心に応じ、一人一人に応じた学習活動や学習課題に取り組む機会を提供することで、子供自身が学習が最適となるよう調整する

● 「個別最適な学び」が進められるよう、これまで以上に子供の成長やつまずき、悩みなどの理解に努め、個々の興味・関心・意欲等を踏まえてきめ細かく指導・支援することや、子供が自らの学習の状況を把握し、主体的に学習を調整することができるよう促していくことが求められる

● その際、ICTの活用により、学習履歴（スタディ・ログ）や生徒指導上のデータ、健康診断情報等を利活用することや、教師の負担を軽減することが重要

それぞれの学びを一体的に充実し、「主体的・対話的で深い学び」の実現に向けた授業改善につなげる

② 協働的な学び

◆ 「個別最適な学び」が「孤立した学び」に陥らないよう、探究的な学習や体験活動等を通じ、子供同士で、あるいは多様な他者と協働しながら、他者を価値ある存在として尊重し、様々な社会的な変化を乗り越え、持続可能な社会の創り手となることができるよう、必要な資質・能力を育成する「協働的な学び」を充実することも重要

◆ 集団の中で個が埋没してしまうことのないよう、一人一人のよい点や可能性を生かすことで、異なる考え方が組み合わさり、よりよい学びを生み出す

◆ 知・徳・体を一体的に育むためには、教師と子供、子供同士の関わり合い、自分の感覚や行為を通して理解する実習・実験、地域社会での体験活動など、様々な場面でリアルな体験を通じて学ぶことの重要性が、AI技術が高度に発達するSociety5.0時代にこそ一層高まる

◆ 同一学年・学級はもとより、異学年間の学びや、ICTの活用による空間的・時間的制約を超えた他の学校の子供等との学び合いも大切

子供の学び

幼児教育

- 小学校との円滑な接続、質の評価を通じたPDCAサイクルの構築等により、質の高い教育を提供
- 身近な環境に主体的に関わり様々な活動を楽しむ中で達成感を味わいながら、全ての幼児が健やかに育つことができる

高等学校教育

- 社会的・職業的自立に向けて必要な基盤となる資質・能力や、社会の形成に主体的に参画するための資質・能力が育まれる
- 地方公共団体、企業、高等教育機関、国際機関、NPO等の多様な関係機関との連携・協働による地域・社会の課題解決に向けた学び
- 多様な生徒一人一人に応じた探究的な学びや、STEAM教育など実社会での課題解決に生かしていくための教科等横断的な学び

義務教育

- 新たなICT環境や先端技術の活用等による学習の基盤となる資質・能力の確実な育成、多様な児童生徒一人一人の興味・関心等に応じ意欲を高めやすくしたことを深められる学びの提供
- 学校ならではの児童生徒同士の学び合い、多様な他者と協働して探究的な学びなどを通じ、地域の構成員の一人や主権者としての意識を育成
- 生活や学びにわたる課題(虐待等)の早期発見等による安全・安心な学び

特別支援教育

- 全ての教育段階において、インクルーシブ教育システムの理念を構築することを旨として行われ、全ての子供たちが適切な教育を受けられる環境整備
- 障害のある子供とない子供が可能な限りともに教育を受けられる条件整備
- 障害のある子供の自立と社会参加を見据え、通常の学校、通常の学級、特別支援学級、特別支援学校といった連続性のある多様な学びの場の一層の充実・整備

教職員の姿

- 学校教育を取り巻く環境の変化を前向きに受け止め、教職生涯を通じて学び続け、子供一人一人の学びを最大限に引き出し、主体的な学びを支援する伴走者としての役割を果たしている
- 多様な人材の確保や教師の資質・能力の向上により質の高い教職員集団が実現し、多様なスタッフ等とチームとなり、校長のリーダーシップの下、家庭や地域と連携しつつ学校が運営されている
- 働き方改革の実現や教職の魅力発信、新時代の学びを支える環境整備により教師が創造的で魅力ある仕事であることが再認識され、志望者が増加し、教師自身も志気を高め、誇りを持って働くことができている

子供の学びや教職員を支える環境

- 小中高における1人1台端末環境の実現、デジタル教科書等の先端技術や教育データを活用できる指導・支援の整備による指導・支援の充実、校務の効率化、教育設備の改善・充実等
- ICTの活用環境と少人数によるきめ細かな指導体制の整備、学校施設の整備による新しい時代の学びを支える教育環境の実現
- 小中連携、学校施設の複合化・共用化の促進を通じた魅力的な教育環境の実現

4.「令和の日本型学校教育」の構築に向けた今後の方向性

◆ 全ての子供たちの知・徳・体を一体的に育む日本型学校教育が果たしてきた、①学習機会と学力の保障、②社会の形成者としての全人的な発達・成長の保障、③安全安心な居場所・セーフティネットとしての身体的、精神的な健康の保障を学校教育の本質的な役割として重視し、継承していく

◆ 教職員定数、専門スタッフの拡充等の人的資源、ICT環境や学校施設の整備等の物的資源を十分に供給・支援することが国に求められる役割

◆ 学校だけでなく地域住民等と連携・協働し、履修主義や修得主義といったパートナーとして、子供たちの成長を支えていく

◆ 一斉授業か個別学習か、履修主義か修得主義か、デジタルかアナログか、遠隔・対面オンラインかといった二項対立の陥穽に陥らず、どちらの良さも適切に活かしていく

◆ 教育政策のPDCAサイクルの着実な推進

全ての子供たちの可能性を引き出す、個別最適な学びと、協働的な学びの実現のための改革の方向性

（1）学校教育の質と多様性、包摂性を高め、教育の機会均等を実現する

- 子供たちの資質・能力を一層確実に育むため、基礎学力を保障してその才能を十分に伸ばし、社会性を育むことができるよう、学校教育の質を高める
- 学校における個々人の多様性に応じ、1人1台端末等先端技術を活用し、多様化する子供たちに対応して個別最適な学びを実現しながら、学校の多様性と包摂性を高める
- ICTの活用や関係機関との連携を含め、学校教育に馴染めないでいる子供たちに対して学校教育の外で学びの機会を保障することにより、地理的条件に関わらず、教育の質・機会均等を確保

（2）連携・分担による学校マネジメントを実現する

- 校長を中心に学校組織のマネジメント力の強化を図るとともに、学校内外の関係で連携・分担による学校マネジメントを実践
- 外部人材や専門スタッフ等、多様な人材が指導に携わることのできる学校を実現し、教師同士の役割の分担や、教師と専門スタッフとの協働の実現
- 学校・家庭・地域がそれぞれの役割と責任を果たし、相互に連携・協働して、地域全体で子供たちの成長を支えていく環境を整備
- カリキュラム・マネジメントを進めつつ、学校の家庭や地域社会と連携し、社会とつながる協働的な学びを実現

（3）これまでの実践とICTとの最適な組合せを実現する

- ICTや先端技術の効果的な活用等により、新学習指導要領の着実な実施、個別に最適な学びや支援、可視化が難しかった学びへの知見の共有等が可能
- GIGAスクール構想の実現を最大限に生かし、教師の対面指導や遠隔・オンライン教育を使いこなす（ハイブリッド化）ことで、様々な課題を解決し、教育の質を向上
- 教師による対面指導や子供たち同士による学び合い、多様な体験活動の重要性を一層深める中で、ICTを活用しながら協働的な学びを実現し、多様な他者とともに問題発見・解決に挑む資質・能力を育成

（4）履修主義・修得主義等を適切に組み合わせる

- 修得主義や課程主義、履修主義や年齢主義について、個人の学習状況に着目する修得主義や課程主義の考え方を重視しつつ、集団として一定の期間をかけて共通に教育を行う性格を有し、一定の期間の中で、個々人の成長に必要な時間のかかり方を多様に許容し包含するなど、過度の同調性や画一性をもたらす面も持っている可能性
- 履修主義や修得主義について、進級や卒業の要件としては年齢主義を基本としつつ、教育課程の履修を判断する基準としては履修主義を採用する一方、「個別最適な学び」及び「協働的な学び」との関係性を踏まえて適切に組み合わせ
- 高等学校教育においては、その特質も踏まえた教育課程の在り方を検討
- これまで以上に多様性を尊重し、ICT等を活用したカリキュラム・マネジメントを充実

（5）感染症や災害の発生等を乗り越えて学びを保障する

- 今般の新型コロナウイルス感染症対応の経験を踏まえ、新たな感染症や災害の発生等の緊急事態であっても必要な学びを保障する仕組みや、新しい時代の教室環境に応じた指導体制、必要な施設・設備の整備や、新しい時代の教室環境であって、関係機関等との連携を図りつつ、子供たちの学びを保障
- 臨時休業時であっても、関係機関等との連携を図りつつ、子供たちの学びを保障する取組を継続し、心のケアや、感染症対策と学校教育活動の両立を図る
- 感染症や災害に対する差別や偏見、誹謗中傷等を許さない
- 首長部局や保護者、地域と連携・協働しつつ、学校を支援する教育委員会の在り方について検討

（6）社会構造の変化の中で、持続的で魅力ある学校教育を実現する

- 少子高齢化や人口減少等により社会構造が変化する中、学校教育の持続可能性を確保しつつ魅力ある学校教育の実現を目指し、必要な制度改正や運用改善を実施
- 魅力的で質の高い学校教育を地方においても実現するため、高齢者を含む多様な地域の人材の活用や、学校施設の維持管理、学校間連携等の在り方を検討

5. 「令和の日本型学校教育」の構築に向けたICTの活用に関する基本的な考え方

◆「令和の日本型学校教育」を構築し、全ての子供たちの可能性を引き出す、個別最適な学びと、協働的な学びを実現するためには、**ICTは必要不可欠**

◆**これまでの実践とICTとを最適に組み合わせる**ことで、様々な課題を解決し、**教育の質の向上**につなげていくことが必要

◆ICTを活用すること自体が目的化しないよう留意し、**PDCAサイクルを意識し、効果検証・分析を適切に行う**ことが重要であるとともに、健康面を含め、ICTが児童生徒に与える影響にも留意することが必要

◆ICTの全面的な活用により、学校の組織文化、教師に求められる資質・能力も変わっていく中で、**Society5.0時代にふさわしい学校の実現が必要**

（1）学校教育の質の向上に向けたICTの活用

● カリキュラム・マネジメントを充実させ、各教科等で育成を目指す資質・能力等を把握した上で、ICTを主体的・対話的で深い学びの実現に向けた授業改善に生かすとともに、従来はなかなか得られなかった資質・能力の育成や、これまでできなかった学習活動の実施、家庭学習の充実等での学びの充実

● ICTの活用で「量」のみならず、児童生徒自身がICTを自由な発想で活用するための環境整備、授業デザイン

● ICTの特性を最大限活用して、不登校や病気療養等により特別な支援が必要な児童生徒に対するきめ細かな支援、個々の才能を伸ばすための高度な学びの機会の提供

● ICTの活用により少人数によるきめ細かな指導体制の整備を両輪とした、個別最適な学びと協働的な学びの実現

（2）ICTの活用に向けた教師の資質・能力の向上

● 養成・研修全体を通じ、教師が必要な資質・能力を身に付けられる環境の実現

● 養成段階において、学校の1人1台端末を前提とした教育を実現しつつ、ICT活用指導力の養成やデータリテラシーの向上に向けた教育の充実

● ICTを効果的に活用した指導ノウハウの迅速な収集・分析、新時代に対応した教員養成モデルの構築等、教員養成大学・学部、教職大学院のリーダーシップによるSociety5.0時代の教員養成の実現

● 国によるコンテンツ提供や都道府県等における研修の充実等による現職教師の ICT活用指導力の向上、授業改善に取り組む教師のネットワーク化

（3）ICT環境整備の在り方

● GIGAスクール構想により整備される1人1台端末は、クラウドの活用を前提としたものであるため、高速大容量ネットワークを整備するとともに、教育情報セキュリティポリシーで必要なセキュリティ対策を講じた上で活用を促進

● クラウドの活用を禁止せず、必要なセキュリティ対策を講じた上で活用を促進

● 義務教育段階のみならず、多様な実態を踏まえ、高等学校段階においても1人1台端末環境を実現することを実現するとともに、端末の更新に向けて丁寧に検討

● 各学校段階において端末の持ち帰りを可能とする

● デジタル教科書・教材等の普及促進や、教育データの蓄積・分析・利活用できる環境整備、ICT人材の確保、ICTによる校務効率化

各論（目次）

第Ⅱ部 各論

1. 幼児教育の質の向上について

(1) 基本的な考え方

● 幼児教育は、生涯にわたる人格形成の基礎を培う重要なものであり、義務教育及びその後の教育の基礎を培うことが目的
● 幼稚園、保育所、認定こども園といった各幼児教育施設においては、集団活動を通じて、幼児期に育みたい資質・能力を育成する幼児教育の実践の質の向上が必要
● 教育環境の整備を含めた幼児教育の内容・方法の改善・充実や、人材の確保・質の向上、幼児教育推進体制の構築等を進めることが必要

(2) 幼児教育の内容・方法の理解推進・改善

① 幼稚園教育要領等の理解推進・改善
・新幼稚園教育要領等の実施の実施状況や成果等の把握、調査研究や好事例等の情報提供による教育内容や指導方法の改善・充実

② 小学校教育との円滑な接続の推進
・「幼児期の終わりまでに育ってほしい姿」を活用した幼児教育と小学校教育の連携促進、スタートカリキュラムを活用した幼児教育と小学校教育との接続の一層の強化

③ 教育環境の整備
・幼児の直接的・具体的な体験を更に豊かにするためにICTを活用、幼児教育施設の業務のICT化の推進
・前虚化、衛生環境の改善等のための安全対策の実施

④ 特別な配慮を必要とする幼児への支援
・幼児教育施設での特別支援教育の充実、関係機関・部局と連携した切れ目のない支援体制整備
・教職員の質の向上に向けた研修プログラムの作成、指導上の留意事項の整理、多言語での就園・就学案内等の取組の充実

(3) 幼児教育を担う人材の確保・資質及び専門性の向上

① 処遇改善をはじめとした人材の確保
・処遇改善の実施や、大学等と連携した新規採用、離職防止・定着、再就職の促進等の総合的な人材確保策の推進

② 研修の充実等による資質の向上
・各種研修の機能、役割に応じた研修体系の構築、キャリアステージごとの研修機会の確保
・各種免許・資格取得の促進、小学校教諭免許や保育士資格の併有促進

③ 教職員の専門性の向上
・上位の免許状の取得促進、小学校教諭免許状等による質の向上、特別な配慮を必要とする幼児への支援

(4) 幼児教育の質の評価の促進

● 学校関係者評価等の実施により持続的に改善を促すPDCAサイクルを構築
● 公開保育の仕組みの学校評価等への活用は有効
● 幼児教育の質に関する評価の仕組みの在り方に関する手法開発・成果を普及

(5) 家庭・地域における幼児教育の支援

① 保護者に対する学習機会・情報の提供
・保護者に対する相談体制の整備など、地域における家庭教育支援の充実

② 関係機関相互の連携強化
・幼児教育施設と教育委員会、福祉担当部局、児童相談所等の関係機関の連携促進

③ 幼児教育施設における子育ての支援の充実
・親子登園、相談事業や一時預かり事業等の充実、預かり保育の質の向上・支援の充実

(6) 幼児教育を推進するための体制の構築等

● 地方公共団体における幼児教育センターの設置、幼児教育アドバイザーの育成・配置等による幼児教育推進体制の構築
● 幼児教育施設等の充実・活用のための必要な支援の実施、幼児教育アドバイザー活用の推進方策の検討、好事例の収集
● 科学的・実証的な検証を通じてエビデンスに基づいた政策形成の促進

(7) 新型コロナウイルス感染症への対応

● 保健・福祉等の専門機関や関係機関等とスムーズに連携できる幼児教育推進体制の整備、研修等の充実等による質等の向上
● トイレや空調設備の改修等による衛生環境の改善や感染防止に取り組むための整備
● 推進、園務改善のためのICT化支援等の支援環境の動務環境の整備

2. 9年間を見通した新時代の義務教育の在り方について

（1）基本的な考え方

- 我が国のどの地域で生まれ育っても、知・徳・体のバランスのとれた質の高い義務教育を受けられるようにすることが国の責務
- 義務教育9年間を通じた教育課程、教師の養成等の在り方について一体的に検討を進める必要
- 児童生徒が多様化し学校が様々な課題を抱える中にあっても、義務教育において決して誰一人取り残さないということを徹底

（2）教育課程の在り方

① 学力の確実な定着や資質・能力の育成に向けた方策
- 新学習指導要領で整理された資質・能力の3つの柱をバランスよく育成することが必要であり、ICT環境を最大限活用し、「個別最適な学びと協働的な学び」を充実していくことが重要
- 児童生徒の発達の段階を考慮し、各教科等の特質を生かし、教科等横断的な視点から教育課程の編成・充実を図る
- 小学校高学年の教科担任制の導入や、学校段階間の連携強化、外部人材の配置や研修等による指導力等の向上
- 児童生徒の発達や学習の実態等を踏まえ、その可能性を伸ばしていくことができるような学習環境を整えていくことが重要
- 各学校段階を通じた学びに向かう力の育成、キャリア教育の充実

② 補充的・発展的な学習指導について

ア 補充的・発展的な学習指導
- 指導方法や指導体制、教材等の工夫などを進めていくことが重要

イ 特定分野に特異な才能のある児童生徒に対する指導
- 特定の分野で特異な才能のある児童生徒に対する指導

③ カリキュラム・マネジメントの充実に向けた取組の推進

（3）小学校高学年からの教科担任制の導入（令和4（2022）年度を目途）

①

②

義務教育9年間を見通した教師の養成等の在り方

（4）義務教育児童生徒全ての学びを実質的に保障するための方策

① 不登校児童生徒への対応

② 義務教育未修了の学齢者への対応等

（5）義務教育を通じて心身ともに健康な生活を送るための資質・能力を育成するための方策

（6）いじめの重大事態、虐待事案等に適切に対応するための方策

3. 新時代に対応した高等学校教育等の在り方について

(1) 基本的な考え方

- 高等学校には様々な背景を持つ生徒が在籍していることから、生徒の多様な能力・適性、興味・関心等に応じた学びを実現するためのものへと転換が必要
- 高等学校における教育活動を、高校生の学習意欲を喚起し、可能性及び能力を最大限に伸長するためのものへと転換
- 社会経済の変化や令和4年度から実施される新しい高等学校学習指導要領を踏まえた高等学校の在り方の検討が必要
- 新型コロナウイルス感染症の拡大を踏まえ、遠隔・オンライン対面・オフラインの最適な組み合わせを検討

(2) 高校生の学習意欲を喚起し、可能性及び能力を最大限に伸長するための各高等学校の特色化・魅力化

① 各高等学校の存在意義・社会的役割の明確化(スクール・ミッションの再定義)

- 各設置者が、各学校の存在意義や期待される役割、目指すべき学校像を各設置者ごとに再定義

② 各高等学校の入口から出口までの教育活動の指針の策定(スクール・ポリシーの策定)

- 各学校はスクール・ミッションに基づき、「育成を目指す資質・能力に関する方針」「教育課程の編成及び実施に関する方針」「入学者の受入れに関する方針」の3つの方針(スクール・ポリシー)を策定・公表
- 教育活動や個々の授業、入学者選抜等について組織的かつ計画的に実施などを通じて不断の改善を図る

③ 「普通教育を主とする学科」の弾力化(普通科改革)

- 普通教育を主とする学科を設置する高等学校が、各設置者の判断により、学際的な学びに重点的に取り組む学科、地域社会に関する学びに重点的に取り組む学科など特色ある学科を設置可能とする制度的措置
- 新たな学科における教育課程においては、学校設定教科・科目や総合的な探究の時間を各年次にわたって体系的に開設、国内外の関係機関との連携・協働体制の構築、コーディネーターの配置

④ 産業界と一体となって地域産業界を支える革新的職業人材の育成(専門学科改革)

- 地域の産官学が一体となり将来の地域産業界の在り方等を検討、専門高校での人材育成の在り方を整理、それに基づく教育課程の開発・実践、教師の資質・能力の向上と施設・整備の充実
- 高等教育機関等と連携した先端的な履修推進、3年間に限らない教育課程や高等教育機関等と連携した一貫した教育課程の開発・実施の検討

⑤ 新しい時代にこそ求められる総合学科における学びの推進

- 多様な開設科目という特徴を生かした教育活動を展開するため、教科・科目間とのつながりが2年次以降の学びへの接続を意識したカリキュラム・マネジメント、ICTの活用を伴って各高等学校のネットワークによる他校科目開設等を単位認定する仕組みの推進、外部人材や地域資源の活用の充実

⑥ 高等教育機関や地域社会等の関係機関と連携・協働した高度な学びの提供

- 特色・魅力ある教育活動のため、地域社会や高等教育機関等の関係機関との連携・協働が必要
- 各学校が地域の実情等に応じ、コンソーシアムといった形も含めて関係機関との連携・協働をコーディネートする体制を構築
- 複数の高等学校等が連携・協働して高度な学習プログラムを開発・共有し、全国の高校生がこうした学習プログラムに参加することを可能とする取組みの促進

(3) 定時制・通信制課程における多様な学習ニーズへの対応と質保証

① 専門スタッフの充実や関係機関との連携強化、ICTの効果的な活用等による細やかな指導・支援

- SC・SSW等の専門スタッフの充実や関係機関等との連携強化
- 多様な学習ニーズに応じたICTを効果的に利活用した指導・評価方法の活用方法の検討

② 高等学校教育の質保証

- 通信教育実施計画の作成義務化、面接指導等実施施設の教育環境の基準や一人による面接指導を基幹とすべきことの明確化、教育活動等に関する情報公開の義務化等による質保証の徹底

(4) STEAM教育等の教科等横断的な学習の推進による資質・能力の育成

- STEAMのAの範囲を芸術、文化のみならず、生活、経済、法律、政治、倫理等を含めた広い範囲で定義し推進することが重要
- 文理の枠を超えて教科等横断的な視点に立って教育課程を編成、地域や関係機関等と連携・協働しつつ、生徒や地域の実態にあったSTEAM教育に取り組むことが重要
- 小中学校での教科等横断的な学習や探究的な学習等の充実

(5) 高等専修学校の機能強化

- 国による教育カリキュラムの開発、地域・企業等との連携を通じた教育体制の構築支援、好事例の収集・分析・周知

4. 新時代の特別支援教育の在り方について

（1）基本的な考え方

- 特別支援教育への理解・認識の高まり、制度改正、通級による指導を受ける児童生徒数の増加等、インクルーシブ教育の理念や特別支援教育をめぐる状況は変化
- 通常の学級、通級による指導、特別支援学級、特別支援学校といった多様性のある学びの場の一層の充実・整備を着実に推進

（2）障害のある子供の学びの場の整備・連携強化

① 就学前における早期からの相談・支援の充実

- 関係機関や専門家等との連携による体制の充実
- 幼児教育の観点からも特別支援教育を充実させるため、教師が特別支援教育コーディネーター、特別支援学級担任等の助言や支援を受けられる体制の充実
- 5歳児健診を活用した早期支援の充実

② 障害のある子供の就学相談や学びの場の検討等の支援について

- 就学相談や学びの場の検討を支援する教育支援資料等の内容の充実

③ 小中学校における障害のある児童生徒等の学びの充実

- 通級による指導や特別支援学級の通常の学級の学級の一員としても活動する取組等の充実、年間指導計画に基づく教科学習における指導を必要とする児童生徒のチェックリストの活用等による通級による特別な指導に在籍する児童生徒の状況の把握や、在籍する学校で専門的な指導を受けられるための環境整備
- 通級による指導や教師の配置等指導体制や、学校施設のバリアフリー化の推進に向けた学校設備の取組及び支援、通常の学級、通級による指導、特別支援学級といった障害のある児童生徒の多様な学びの場の一層の充実・整備等

④ 特別支援学校における教育環境の整備

- ICTを活用した教科指導に関する指導法の開発、指導方法等充実、必要な最低基準としての特別支援学校の設置基準の策定
- 地域における特別支援教育のセンター的機能の充実や設置者を超えた学校間連携を促進する体制の在り方の検討

⑤ 高等学校における学びの場の充実

- 知的障害である児童生徒等において設置すべき資質・能力と児童生徒に育むべき資質（知的障害者用）を作成
- 確実に身に付けさせる観点から、著作教科書（知的障害者用）、特別支援学校に在籍する児童生徒が、地域の学校に副次的な籍を置く等の取組の一層の普及推進
- 小中学校から高等学校への適切な引き継ぎを行い、個別の教育支援計画や指導計画の作成・活用の充実や通級による指導、支援を実施
- 通級による指導の充実や専門家等による相談・支援、指導方法等、高等学校における特別支援教育の関係機関等の連携促進
- 本人・保護者の進路の可能性に気付付けていない場合の支援体制の構築、関係機関等との連携
- 卒業後の進路に対する情報の引き継ぎなど、関係機関等との連携促進

（3）特別支援教育を担う教師の専門性向上

① 全ての教師等に求められる特別支援教育に関する専門性

- 障害の特性等に関する特別支援教育に関する基礎的な知識、個に応じた分かりやすい指導内容や指導方法の工夫の検討
- 教師の必要な助言や支援を受けられる体制等の構築、管理職向けの研修の充実
- 都道府県等を活用した特別支援教育に係る資質を教員養成段階に位置付ける とともに、体系的な研修を実施

② 特別支援学級、通級による指導を担当する教師等に求められる特別支援教育に関する専門性

- 個別の指導計画等の作成、指導、関係者間の連携の方法の習得等の専門性の習得
- OJTやオンラインなどの工夫による参加しやすい研修の充実、発達障害のある児童生徒に対する専門性の向上のための具体的な検討
- 小学校等教職課程において特別支援学校教職課程の一部単位の修得を推奨、特別支援学校教諭免許状取得に向けた先進事例調査等の活用

③ 特別支援学校の教師に求められる専門性

- 個別の指導計画、専門性、技能的合致の習得、複数障害が重なっている児童生徒への対応
- 広域の研修や人事交流の仕組み等の検討、教員養成段階における内容の精選等のコアリキュラムの策定
- 特別支援学校教諭免許状取得状況等の調査による国による指導及び情報提供等の促進、免許状取得の実効性を高める方策の実施主体の拡大等検討

（4）関係機関等との連携強化による切れ目ない支援の充実

- 関係機関や家庭との連携、保護者を含めた情報共有、保護者支援のための連携体制の整備、障害の有無に関わらずその子の保護者に対する支援情報や相談窓口の情報共有
- 地域の就学前関係機関との連携等による早期からの教育相談や合理的配慮の提供の状況等の学校間での特別支援教育を受けてきた子供の学校務支援システムの活用等による学校間の情報の引き継ぎに当たり、統合型校務支援システムの活用等による環境整備を実施
- 個別の教育支援計画（福祉サービス）・個別支援計画（教育）・利用計画（労働）の一体的な情報提供と共有の仕組みの検討（同業所）・移行支援計画等、移行支援や就労への活用に向けた3特別支援学校や関係機関の役割や連携の在り方等の検討
- 学校における医療的ケアの実施体制の構築、医療的ケアを担う看護師の人材確保や配置等の学校環境整備
- 学校に1名看護師の法令上の位置付けを検討、中学校区における医療的ケア7拠点校の設置等検討

5. 増加する外国人児童生徒等への教育の在り方について

（1）基本的な考え方

● 外国人の子供たちが共生社会の一員として今後の日本を形成する存在であることを前提に、関連施策の制度設計を行うことが必要
● キャリア教育や相談支援の包括的提供、母語・母文化の学びに対する支援が必要
● 日本人の子供を含め、異文化理解、多文化共生の考え方に基づく教育の更なる取組

（2）指導体制の確保・充実

① 日本語指導のための教師等の確保

・日本語指導と教科を統合した学習を行うなど、組織的かつ体系的な指導が必要
・日本語指導に必要な加配定数の措置への指導体制の充実
・日本語指導・母語による教育支援員の専門スタッフの配置促進と支援体制の構築

② 学校における日本語指導の体制構築

・日本語指導の拠点校となる学校の整備化、拠点校を中心とした指導体制の構築
・集住・散在等、地域の実情を踏まえた体制構築の在り方の検討
・拠点校方式等の指導体制構築や初期集中支援等の実施事例等の周知

③ 地域の関係機関との連携

・教育委員会、首長部局、地域のボランティア団体、日本語教室等の関係機関との連携促進
・特に、教員養成大学や外国人を雇用する企業等との連携

（3）教師等の指導力の向上、支援環境の改善

① 教師等に対する研修機会の充実

・外国人児童生徒等教育を担う教師等の養成・研修モデルプログラムの普及
・日本語指導担当教師等の専門知識の習得を証明できる仕組みの構築

② 教員養成段階における学びの場の提供

・教員養成課程における外国人児童生徒等に関する内容の位置付けの検討

③ 日本語能力の評価、指導方法・指導教材の活用・開発

・外国人児童生徒等のためのJSL対話型アセスメントDLAや外国人児童生徒等教育アドバイザーを活用した、日本語能力の評価手法の普及促進
・情報検索サイトかすたねっとに登録する教材等の充実や検索機能の充実、多言語により学校生活を紹介する動画コンテンツの作成・配信

④ 外国人児童生徒等に対する特別な配慮等

・障害のある外国人児童生徒等に対して、障害の状態等に応じたきめ細かい指導・支援体制の構築
・障害のある外国人児童生徒等の生活状況や生籍状況に対する指導・支援の状況把握

（4）就学状況の把握、就学促進

● 学齢期の子供をもつ外国人に対する、就学促進の取組実施
● 学齢簿の編製にあたっての外国人の子供の就学状況について、一体的に管理・把握する公共団体の取組促進、制度的な対応の在り方の検討
● 義務教育未修了の外国人について、公立中学校での弾力的な受入れや夜間中学等への入学案内等の実施促進

（5）中学生・高校生の進学・キャリア支援の充実

● 外国人児童生徒等の進学・就職等の進路選択の支援
・公立高等学校入学者選抜における外国人生徒等を対象とした特別の配慮（ルビ振り、辞書の持ち込み、特別の時間の設定等）について、現状把握、情報共有などの取組促進
・中学校・高等学校段階における進路指導・キャリア教育の取組促進
・取出し方式による日本語指導の方法や制度的な在り方、高等学校版JSLカリキュラムの策定の検討
・小・中・高等学校が連携し、外国人児童生徒等のための個別の指導計画を踏まえた必要な情報整理・情報共有の促進

（6）異文化理解、母語・母文化支援、幼児に対する支援

● 学校における多文化理解や多文化共生が根付くよう取組促進
・異文化理解・多文化共生に基づく教育の更なる普及・充実、教員養成
・課程における履修内容の充実
・家庭を中心とした母語・母文化習得の促進、学校内外や就学前段階における母語・母文化・国際交流協会等の連携による母語・母文化に触れる機会の確保、研修機会の確保
・幼児期の特性を踏まえた指導上の留意事項等の整理

6. 遠隔・オンライン教育を含むICTを活用した学びの在り方について

(1) 基本的な考え方

- ICTはこれからの学校教育を支える基盤的なツールとして必要不可欠であり、心身に及ぼす影響にも留意しつつ、日常的に活用できる環境が必要
- 今般の新型コロナウイルス感染症等の臨時休業等に伴う遠隔・オンライン教育等の成果や課題については、今後検証
- ICTを教師と児童生徒との人的関係の中で効果を考えて活用することが重要で、活用自体が目的化しないよう留意する必要
- 対面指導の重要性、遠隔・オンライン教育等の実践による成果や課題等を踏まえ、発達の段階に応じ、個別最適な学びと協働的な学びを実現する（ハイブリッド化）ことで、個別最適な学びと協働的な学びを実現した対面指導と家庭や地域社会と連携した学びの展開

(2) ICTの活用や、対面指導と遠隔・オンライン教育とのハイブリッド化による指導の充実

① ICTの日常的な活用による授業改善
- ICTを日常的に活用できる環境を整え、「文房具」として自由な発想で活用できるようにし、「主体的・対話的で深い学び」の実現に向けた授業改善に生かす

② 学習履歴（スタディ・ログ）など教育データを活用した個別最適な学びの充実
- データ標準化等の取組を加速
- 個々の児童生徒の知識・技能等に関する学習履歴及び学習履歴等のICTを活用した評価や学習評価の充実、学習改善やPDCAサイクルの改善等、円滑かつデータの活用により、きめ細かい指導や支援等
- 全国の学校でCBTを活用した学習診断などができるプラットフォームの構築
- 学校現場におけるCBTの効果的な活用に向けた活用事例等の整理・周知

③ 全国的な学力調査のCBT化の検討
- 全国学力・学習状況調査のCBTについて専門的・技術的な観点から検討を行うとともに、小規模からの試行・検証に取り組み、段階的に規模・内容を拡充・充実

④ 教師の対面指導と遠隔授業等を融合した授業づくり
- 発達の段階に応じて、学校の判断がやむを得ず登校できない場合において、対面指導に加え、目的に応じ遠隔授業やデジタル教材等を取り入れた授業モデルの展開

⑤ 高等学校における遠隔授業の活用
- 同時双方向型の遠隔授業について、単位数の算定、対面により行う授業の実施の要件を見直し、対面指導と遠隔授業を融合させた柔軟な授業方法を可能化

(3) 特例的な措置や実証的な取組

① 臨時休業時等に学校に登校できない児童生徒等の関係を継続し学びを保障するための取組
- 感染症や自然災害等により、児童生徒等がやむを得ず登校できない場合における、学びの保障や心身の健康の観点から、学校の教育活動の継続、ICTを活用した学習指導等の実施に向けた制度的な措置等の検討・整理

② 学校で学びたくても学べない児童生徒への遠隔・オンライン教育の活用
- 学校で学びたくても学べない児童生徒（病気療養、不登校等）に対し、遠隔・オンライン教育を活用した出席扱いとする制度や、成績評価とする制度の活用促進や同取扱いに係る事例の周知、制度の活用状況の分析、制度に基づき指導方法の研究開発を実施

⑥ デジタル教科書・教材の普及促進
- 学習者用デジタル教科書の効果・影響について検証しつつ、教科書の基準や教材との連携等を含め、学びの充実の観点から今後の在り方等について検討
- 令和6年度の小学校用教科書改訂までの間において、紙との併用や可能な環境下で学習者用デジタル教科書・教材の利用の推進と環境の普及及び促進を図る

⑦ 児童生徒の特性に応じたきめ細かな対応
- 不登校児童生徒、障害のある児童生徒、日本語指導が必要な児童生徒を、統合型校務支援システムの活用や帳票の共通化等により、個別の支援計画等の作成及び電子化を推進
- 遠隔技術等を用いた相談・指導等の実施、ICTを活用した学習支援、デジタル教材
- 障害のある児童生徒に対する遠隔技術を活用した自立活動支援に係る実践的な研究

⑧ ICT人材の確保
- 企業、大学等と連携し、地方公共団体がGIGAスクールサポーター、ICT支援員等のICT人材を確保しやすい仕組みの構築、人材確保・活用事例の全国展開
- 事務職員等に対するICTに関する研修等の充実
- 教育委員会において、外部人材の活用も含めたICTの専門家等の意思決定を伴う立場への配置促進、ICT活用教育アドバイザーの活用推進

③ 個々の才能を存分に伸ばせる高度な学びの機会など新たな学びへの対応
- 特異な才能のある児童生徒に対し、大学や研究機関等の社会の多様な人材・リソースを活用したアカデミックな知見を用いた指導に係る実証的な研究開発を推進
- 義務教育段階において、教科等の特質を踏まえつつ、特別な配慮を要する児童生徒に対し、特別の教育課程を編成し、受講を可能とする遠隔授業を行うための取扱いとなる制度に係る研究開発を実施
- 高等学校段階において、家庭における同時双方向型オンライン学習を授業の一部として特例的に認め、対面指導と遠隔・オンライン教育のハイブリッド化を検討

7. 新時代の学びを支える環境整備について

(1) 基本的な考え方

● 全ての子供たちの可能性を引き出す個別最適な学びと協働的な学びを実現し、教育の質の向上を図るとともに、新たな感染症や災害の発生等の緊急時にあっても全ての子供たちの学びを保障するため、GIGAスクール構想の実現の実現を前提とした新しい時代の学びを支える学校教育の環境整備を図る

(2) 新時代の学びを支える教室環境等の整備

● 「1人1台端末」や遠隔・オンライン教育に適合した教室環境や教師の指導にあたっての活用等と既存の学校資源の活用促進
● 「新しい生活様式」も踏まえ健やかに学習できる衛生環境の整備やバリアフリー化

(3) 新時代の学びを支える指導体制等の計画的な整備

● 「1人1台端末」の活用等による児童生徒の特性・学習定着等に応じたきめ細かな指導の充実や、「新しい生活様式」を踏まえた身体的な距離の確保に向け、少人数によるきめ細かな指導体制や小学校高学年からの教科担任制の本格的な導入のための検討を進め、新時代の学びを支える指導体制の計画的に整備

(4) 学校健康診断の電子化と生涯にわたる健康の保持増進への活用

● 「1人1台端末」の活用等による児童生徒の健康づくりの促進や、心身の状況の変化への早期の気付きや、エビデンスに基づく個別最適な指導・支援の充実等のほか、働き方改革にも有効
● PHR (Personal Health Record) の一環として、学校健康診断情報を電子化し、生涯にわたる健康づくり等への活用に向けた環境整備

8. 人口動態等を踏まえた学校運営や学校施設の在り方について

(1) 基本的な考え方

● 少子高齢化や人口減少等により子供たちを取り巻く状況が変化しても、持続的で魅力ある学校教育が実施できるよう、学校配置や施設の維持管理、学校間の連携の在り方について検討が必要

(2) 公立小中学校等の適正規模・適正配置等について

① 児童生徒の減少による学校規模の小規模化を踏まえた学校運営
・ 学校関係部局と首長部局との分野横断的な検討体制のもと、新たな分野横断的な教育環境の向上とコスト最適化
・ 義務教育学校化を含む地方公共団体での統合や、分校の活用、近隣市町村との組合立学校の設置等による学校・学級規模の確保
・ 少人数を生かしたきめ細かな指導の充実、ICTを活用した遠隔合同授業等による小規模校のメリット最大化・デメリット最小化

② 義務教育学校制度の活用等による小中一貫教育の推進
・ 小中一貫教育の優良事例の発掘、横展開

③ 中山間地域や離島など小さな立地する学校における教育資源の活用・共有
・ 中山間地域や離島等の小規模校をネットワークで結ぶことで、ICTも活用してそれぞれが強みを有する各科目を活用した学びの選択肢の拡大を可能とし、小規模校を単独ではなし得ない教育活動を実施

(3) 地域の実態に応じた公的ストックの最適化の観点からの施設整備の促進

● 子供たちの多様なニーズに対応した施設機能の高機能化・多機能化、防災機能強化
● 地域の実態に応じ、小中一貫教育の導入や学校施設の適正規模・適正配置の推進、長寿命化改良、他の公共施設との複合化・共用化など、個別施設計画に基づく計画的・効率的な施設整備

221

12

9．Society5.0時代における教師及び教職員組織の在り方について

（1）基本的な考え方

- AIやロボティクス、IoTといった技術が発展したSociety5.0時代の到来に対応し、教師の情報活用能力、データリテラシーの向上が一層重要
- 教師が学校に、変化を前向きに受け止め、求められる知識・技能を継続的に学び続けていくことが必要であり、教職・大学院が新たな教育課題や最新の教育改革の動向に対応できる役割を担うことも大いに期待
- 多様な知識・経験を持つ人材との連携を強化しつつ、そういった人材を取り込んだ上で、社会のニーズに対応しつつ、高い教育力を持つ組織となることが必要

（2）教師のICT活用指導力の向上方策

- 国で作成されたICTを活用した学習場面や各教科等におけるICT活用に係る動画コンテンツについて、教職課程の授業における活用を促進
- 教職課程において各科目に共通で身に付けるべきICT活用指導力を総合的に修得できるよう、新しく科目を設けることや、教職実践演習においてICT活用した模擬授業などのICTを活用した演習を行うことなどについて検討し、教職課程全体を通じて速やかな制度改正に期待
- 教師のICT活用指導力の充実を確実に取り組むために大学が自ら点検評価を行うことや、国においても大学の取組状況のフォローアップ等を通じて、大学が実践的なICTの授業を充実に実施できるような組織の構築
- 都道府県教育委員会等が教える教師の資質・能力の育成目標における、ICT活用指導力の明確化等による都道府県教育委員会等の研修の体系的かつ効果的な実施
- 教員向けオンライン研修プログラムの作成など、研修コンテンツの提供や都道府県における研修のオンライン化等の更なる充実
- 教員研修等におけるICT機器の積極的な使用やオンラインも合わせた効果的な実施

（3）多様な知識・経験を有する外部人材による教職員組織の構成等

- 「社会に開かれた教育課程」の実現に向け、地域の人的資源を活用し、学校教育を社会との連携の中で実現
- 社会教育士を活用し、学校と地域が連携する魅力ある教育活動の企画・実施
- 社会人等の勤務実と学修時間の確保の両立に向けて、教職特別課程における修業年限の弾力化等による制度活用の促進
- 従来の特別免許状とは別に、より短期の有効期間に簡便に活用できる免許状を教員に活用できる免許状の授与等により、多様な人材が参画できる柔軟な教職員組織の構築

（4）教員免許更新制の実質化について

- 教員免許更新制が現下の情勢において、子供たちの学びの保障に注力する教師に迅速な人的体制の確保に及ぼす影響等の分析
- 教員免許更新制や研修を巡る包括的な検証の推進により、必要な教師数の確保とその資質・能力の確保を両立できるような在り方の総合的な検討

（5）教師の人材確保

- 教師の魅力を発信する取組の促進、学校における働き方改革の取組や教師の魅力向上に資する国による収集・発信や、民間企業に就職した社会人等を対象とし、教職に就けるための効果的な情報発信
- 教員免許状を持つものの通をそる得ないため就職氷河期世代等が円滑に学校教育に参画できる環境整備
- 高い採用倍率を持する教育委員会の要因の分析・共有等による、中長期的な視野からの計画的な採用・人事の推進

索　　引

著者紹介

小川　哲哉（おがわ・てつや）

1958年北海道生まれ。広島大学大学院教育学研究科博士課程後期（教育人間科学専攻）修了。博士（教育学）。
九州産業大学大学院教授を経て、現在、茨城大学教育学部教授。
日本ペスタロッチー・フレーベル学会理事。日本道徳教育方法学会理事。

＜主な著書＞
『現代社会からみる生涯学習の論点』（共著、ぎょうせい、2003年）
『教育的思考の作法―教育学概論―』（共著、福村出版、2008年）
『フリットナー民衆教育思想の研究―ドイツ青年運動から民衆教育運動へ―』（単著、青簡舎、2008年）
『道徳教育の新しい展開―基礎理論をふまえて豊かな道徳授業の創造へ―』（共著、東信堂、2009年）
『現代教育の論究』（共著、青簡舎、2012年）
『道徳教育の可能性―徳は教えられるか―』（共著、福村出版、2012年）
『新教科「道徳」の理論と実践』（共著、玉川大学出版部、2017年）
『現代教育の諸課題』（共著、青簡舎、2021年）
など。

［増補改訂版］
主体的・対話的な 〈学び〉 の理論と実践
―「自律」と「自立」を目指す教育―

2021年9月22日　初版第1刷発行

著　者　　小川哲哉

発行者　　大貫祥子

発行所　　株式会社 青 簡 舎
　　　　　　〒101-0051　東京都千代田区神田神保町2-14
　　　　　　電話　03-5213-4881
　　　　　　http://www.seikansha.co.jp

印刷・製本　　藤原印刷株式会社

© Tetsuya Ogawa　2021
ISBN978-4-909181-33-6　C3037　Printed in Japan